浙江金融职业学院中国特色高水平高职学校建设系列成果

浙江金融职业学院基本科研业务费重点项目

"区块链技术优化我国社会信用体系的路径与方案研究"（项目编号：2019ZD14）研究成果

RESEARCH ON THE
CHALLENGES AND COUNTERMEASURES OF
NEW FINANCIAL FORMATS

新金融业态的发展
挑战与对策研究

邱　勋◎著

ZHEJIANG UNIVERSITY PRESS
浙江大学出版社
·杭州·

图书在版编目(CIP)数据

新金融业态的发展挑战与对策研究/邱勋著. —杭州:浙江大学出版社,2024.3
ISBN 978-7-308-23282-1

Ⅰ.①新… Ⅱ.①邱… Ⅲ.①金融业—经济发展—研究—世界 Ⅳ.①F831

中国版本图书馆 CIP 数据核字(2022)第 222288 号

新金融业态的发展挑战与对策研究

XIN JINRONG YETAI DE FAZHAN TIAOZHAN YU DUICE YANJIU

邱　勋　著

策划编辑	吴伟伟
责任编辑	丁沛岚
责任校对	陈　翮
封面设计	雷建军
出版发行	浙江大学出版社
	(杭州市天目山路 148 号　邮政编码 310007)
	(网址:http://www.zjupress.com)
排　　版	杭州星云光电图文制作有限公司
印　　刷	浙江新华数码印务有限公司
开　　本	710mm×1000mm　1/16
印　　张	11.75
字　　数	170 千
版 印 次	2024 年 3 月第 1 版　2024 年 3 月第 1 次印刷
书　　号	ISBN 978-7-308-23282-1
定　　价	68.00 元

前　言

　　21 世纪初,随着以互联网、无线通信、微型芯片为代表的新兴科学技术的快速发展及应用普及,科技与金融的融合日趋加深,既有不断转型升级的传统金融业务,也涌现出许多新的金融产品、金融模式和金融业态,将金融业推向基于互联网的数字科技新时代。

　　新兴事物有其存在的优点和合理性,同时也蕴含着不足和风险。为完善和推动金融科技的健康发展,促进国家金融行业提质增效,助力实体经济转型升级,金融科技已成为政府和学术界关注和研究的热点。笔者在教育部人文社会科学研究青年基金项目、浙江省社科联、杭州市哲社规划办、浙江省金融教育基金会、浙江金融职业学院等众多机构的资助和支持下,对金融科技这一领域进行了长期深入的研究。

　　本书是笔者 2013—2021 年研究国内外数字金融领域相关问题的学术成果,既有对传统金融机构在数字时代的新金融业态创新与转型升级的战略发展研究,也有对非传统金融机构在数字科技浪潮下创新的数字金融业态和金融科学技术的研究,还涉及对央行数字货币和私人数字货币发行的深入探讨。本书的研究对象包括:区块链金融、数字货币、数字银行、互联网基金销售、股权众筹、网络借贷、互联网金融等新金融主体。研究内容包括:在数字金融蓬勃发展和监管制度不断完善的背景下,思考以商业银行为代表的传统金融机构在面对数字新金融服务转型升级的机遇与挑战时的战略选择,通过研究直销银行、区块链金融和互联网基金三个细分数字金融业务,基于国内外同类业务对比和定性与定量分析,多维度地为商业银行开展数字新金融服务提出应对策略和实施路径;通过研究网络借贷和股权众筹两个互联网金融核心业态,在阐述模式架构、业务流程和剖析风险根源的基础上,提出完善网络借贷和股权众筹的监管建议并展望其未来发展路径;基于理论和逻辑推演,分析我国央行发行数字货币的路径选择和面临的问题,提出切实可行的应对策略,同时,从经济学角度对私人数字货币的本质进行深入探讨。为保持笔者研究的连贯性和成果的客观性及真实性,本书没有对研究中的相关数据进行时续性更新,也保留了现在看来有一定局限性的研究观点。

在本书出版之际,笔者要感谢政府的远见卓识和数字时代的到来使我国数字经济的发展独树一帜,唯此金融科技的发展研究才具有战略价值与意义;感谢浙江金融职业学院浓厚自由的学术氛围和丰富多元的学术资源,由于学院因势利导和自身研究背景的结合,笔者才有幸长期研究金融科技并出版本书;感谢家人默默温暖的付出和同事热情无私的帮助,这为本书的顺利出版提供了强力的支持。

邱　勋
2022 年 5 月于浙江金融职业学院泰隆楼

目　录

第一章

区块链金融

第一章

区块链金融

本章主要研究讨论金融本质视角下的区块链金融发展现状、风险及面对区块链金融风险的监管等问题。

　　问题的研究背景是区块链具有不可篡改、异构多活、分布协作、智能合约的优点，可以对现行中心化的社会结构和商业模式进行广泛的优化和革新，引起了社会各界的普遍关注。中国和美国等国家已经在区块链技术方面投入了大量资源并制定了相应政策来大力推进区块链研究。区块链应用最活跃、最深入是金融领域，因为信任是金融业的基础和根基，区块链最令人期待之处就在于它可以淡化并突破传统金融机构作为中心环节的作用，进而提高效率，缩短处理时间，提高透明度和降低成本。区块链已在数字货币、跨境支付、证券交易、征信管理、数字票据和供应链金融等方面实现融合应用并展现出可能重塑金融体系的巨大发展潜力。我国正在深入实施供给侧结构性改革和创新驱动发展战略，以数字经济为代表的高质量产业是未来发展的新动力，而区块链就是数字经济中的核心支柱之一，以区块链金融为代表的新兴金融模式以突破性的创新不断拓展产业数字化的广度和深度，极大地激发出金融市场的深层活力，为更多市场主体参与金融创新提供了平台。区块链金融自然成为金融科技探讨和研究的热点。但是区块链是一种新技术，存在较多的不确定性，区块链金融在推进金融业向高质量转型的同时也会产生诸多问题和风险，因此金融业的从业者和监管者如何准确、及时地控制区块链金融带来的风险，防止给金融业的发展带来冲击进而保障区块链金融产业、促进数字经济稳定健康发展是非常值得研究的课题。本章首先阐述了区块链的概念和特征,划分了区块链的行业发展演进阶段,分析了区块链金融的发展现状,剖析了基于区块链的数字金融应用风险,最后提出了基于区块链的数字金融应用监管对策。

第一节　区块链技术创新

一、区块链的概念

1990 年,Scott Stornetta 和 Stuart Haber 为解决电子记录容易被篡改的问题,提出了建立一个所有数字记录在创建时即可渗透到每个用户的网络,这样就没有人可以篡改记录了。这是区块链最早的概念。这一概念的核心是数字时间戳,它与后来的区块链的区别在于这种共识机制是否存在。2008 年 11 月,一位名为"中本聪"的网友在一篇题为《比特币:一种点对点的电子现金系统》的文章中提出了一个概念:以区块链技术为基础,构建数字货币数据结构和交易系统,将这个系统构建成数字货币和网上支付系统,利用加密技术实现资产转移,而不依赖中央银行。[①]"中本聪"非常巧妙地利用分布式数据存储、点对点传输、共识机制、加密算法等计算机技术进行集成性创新,构建出区域链技术,解决了困扰金融行业多年的去中介情况下的电子现金发行、流通和支付的一揽子问题。比特币的稳健运行,展示了区块链技术在分布式条件下实现信用传递的革命性应用前景,从而引起全球对区块链技术的广泛关注。"中本聪"并没有直接给出区块链的定义,学界对区块链也尚未形成统一的定义。本书认为区块链本质上是指所

---

①张立群,许东明,路亚鹏,等. 数字化转型:区块链应用赋能[M]. 北京:企业管理出版社,2022.

有参与节点(主体)共同拥有和维护的一个无差别的分布式的共享数据库。

二、区块链的特性

区块链是以比特币为代表的数字加密货币体系的核心支撑技术,其核心优势是去中心化,能够通过运用数据加密、时间戳、分布式共识和经济激励等手段,在节点无须互相信任的分布式系统中实现基于去中心化信用的点对点交易、协调与协作,为解决中心化机构普遍存在的高成本、低效率和数据存储不安全等问题提供了解决方案。①可以说,区块链实现了互联网在无中介条件下无法实现的价值传递,有效地解决了网络环境下的信息不对称问题,实现了多个节点之间的协作信任与一致行动,掀开了人类从信息互联网(见图 1-1)向价值互联网(见图 1-2)演进的大幕。

从区块链的特性可以看出,区块链可以在各个信任不确定的主体环境下,解决相互不信任的痛点,本质是解决协作主体间的生产关系问题,通过生产关系的改进提高整体的生产力。所以,区块链在优化和革新现行基于中心化的社会结构和商业模式的诸多弊病上具有广泛的应用前景。

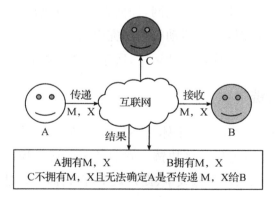

图 1-1　信息互联网的价值不守恒和信息不透明传递

①袁勇,王飞跃.区块链技术发展现状与展望[J].自动化学报,2016(3):481-494.

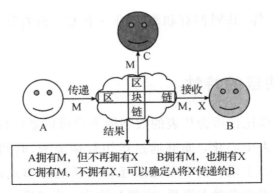

图 1-2　价值互联网的信息守恒和信息透明传递

三、区块链的分类

按参与主体的不同,区块链通常可以分为公有链、联盟链和私有链三大类。

(一)公有链

公有链是指在个人主体互不信任的环境下,任何活动主体(通常是个人)不需要获得专门许可,也不需要把真实身份做任何映射就可以直接使用的账本完全透明的自治性区块链。比特币、以太坊、EOS 是最典型的公有链应用,只要接入互联网,任何人都可以读取、参与相应的区块链活动,活动主体在链上的活动行为是完全公开的,既不受任何人控制,也不归任何人所有,采取自治性运维,属于完全去中心化的区块链。

(二)联盟链

联盟链是指在协作机构主体互不信任的环境下,协作主体得到授权后才能加入、运维或退出的区块链。联盟链主要通过控制节点数目和采用相应共识算法以实现降低成本、提升效率等目标,所以适用于不同实体间的交易、结算等 B2B 场景,一般由行业里的机构、企业和政府组织、发起、建立和运维,可理解为"企业间的分布式数据库"。未授权的个人节点在联盟链中只有交易权,没有记账权等其他高级运维权限。联盟链的典型代表有 Facebook 主导的 Libra 2.0、Ripple 公司主导的瑞波链、Linux 基金会主导的 Hyperledger、蚂蚁金服主导的 AlipayHK-Gcash 等。

(三)私有链

私有链是指在组织内部协作机构主体互不信任的环境下,所有接入链上的节点都被中心控制节点规定和授权,运维权限也由少数或一个中心控制节点所有的区块链。相比公有链,私有链最大的优点是交易速度快、隐私保护有力、交易成本低、不容易被恶意攻击、身份认证容易等,所以常见于大型组织机构基于区块链技术开发的内部系统或网络,特别是大型的金融机构。

由此可见,联盟链和私有链的作用是为交易节点和运维节点制定准入制度、身份认证、有限的隐私保护等标准。本质上,在公有链的基础上削弱参与共识机制的开放性,就成了联盟链;进一步再削弱读取权限上的开放性,就成了私有链。如果从节点是否需要许可来看,联盟链和私有链是属于许可链,公有链属于自由链。表 1-1 是公有链、联盟链和私有链这三种区块链的对比。

表 1-1　三种区块链的对比

区块链	应用场景	参与主体	中心程度	记账权限	信任机制	并发能力	奖励机制	典型应用
公有链	个人应用	任何成员	无中心	所有节点	共识机制	千笔每秒	需要	比特币
联盟链	企业应用	联盟成员	多中心	联盟节点	共识机制	万笔每秒	可选	Libra 2.0
私有链	企业应用	内部成员	类中心化	自定节点	自行背书	超万笔每秒	不需要	内部应用

四、区块链的行业发展演进历程

(一)区块链的史前技术积累阶段(1976—2007 年)

1971 年,布雷顿森林体系崩溃,人类货币体系彻底告别金本位时代,进入信用货币时代。美元对黄金不断贬值,学术界对国家是否应当垄断货币发行权的争论高涨。其中,货币非国家论的旗帜代表弗里德里希·"哈耶克"(Friedrich Hayek)坚持认为一个国家的货币发行不应由政府垄断,而应由多种货币自由竞争,并且在 1976 年出版了《货币的非国家化》,对非主权货币、竞争发行货币等理念进行了详细的阐述和论证。哈耶克的思想成为后续在数字时代下去中心化货币实现者的理论、精神指南。1976 年,Bailey W. Diffie、Martin E. Hellman 两位密码学大师发表了论文《密码学的新方向》,开启了密码学货币新时代。1980 年,Merkle Ralf 提出了 Merkle-Tree 这种数据结构和相应的算法,其后来的主要用途之一是在分布式网络中对数据同步正确性的校验,比特币正是利用这种算法进行区块同步校验的。1982 年,Lamport 提出"拜占庭将军"问题,标志着分布式计算进入了实质性应用阶段。1985 年,Koblitz 和 Miller 各自独立提出了著名的椭圆曲线加密算法(ECC)。ECC 的提出使得非对称加密体系产生了实用的可能。1997 年,HashCash 方法,也就是第一代 POW(proof of work)算法诞生,当时主要用于反垃圾邮件。1998 年,密码学货币的完整思想终于破茧而出,戴伟(Wei Dai)、尼克·萨博(Nick Szabo)同时提出密码学货币的概念。其中戴伟的 B-Money 被称为比特币的精神先驱,而萨博的 Bitgold 提纲与"中本聪"在比特币论文里列出的特性非常接近。1999—2001 年,Napster、EDonkey 2000 和 BitTorrent 点对点分布式网络先后出现,奠定了 P2P 网络计算的基础。2001 年,NSA 发布了 SHA-2 系列算法,其中就包括比特币采用的 SHA-256 哈希算法。经过 30 年的理论积累与技术突破,区块链技术诞生所需的全部技术基础在理论上、实践上全部实现了。

(二)区块链的数字货币共生阶段(2008—2013 年)

2008 年 11 月,网民"中本聪"发表了著名的论文《比特币:点对点的电子现金系统》,系统地阐述了网络世界私人加密数字货币——比特币的发行、流通和运维的实现技术、方法和路径。比特币诞生后,除了早期出现过一次重大漏洞,至今仍然非常稳健地实现全网自治性运维。正是基于区块链技术构造的强大 P2P 系统,才让比特币成为世界上最早的"私人电子现金",对全球金融市场和金融体系产生了深远的影响。值得注意的是,早期的区块链技术和比特币是一个硬币的两面,区块链技术孕育了比特币,比特币又成就了区块链技术。在比特币受到世人的追捧后,区块链也随之水涨船高。许多项目团体看到区块链造币的商业价值,就利用比特币区块链修改一些参数或共识算法来发行各种各样的加密数字货币以融资"圈钱",即 ICO。ICO 是 initial coin offering 的简称,最初被译为"初始数字货币发行"。但是关于"coin"的翻译引起诸多争议,学界认为用"crypto-token"来表示加密数字代货币更为准确,对此 ICO 又被解读为"initial crypto-token offering",译作"首次代币发行"。① 大多数 ICO 发行的加密货币根本没有价值,所以又叫"空气币"融资,其本质就是金融欺诈。2013 年,俄罗斯人 Vitalik Buterin 构建了基于区块链的以太坊平台(Ethereum),以太坊也可以进行 ICO,但是用户可以利用以太坊的虚拟器开发和实现各种基于智能合约的去中心化应用(DAPP)。后来基于以太坊技术平台开发出了 MetaMask(以太坊的浏览器)、WeiFund(以太坊的众筹平台)、DigixDAO(黄金交易平台)等落地应用场景。当然,以太坊在发展过程中出现了一些重大漏洞,未来发展还存在较大不确定性。但可以肯定的是,以太坊历史性地将区块链的底层技术和上层加密数字货币的一体两面成功地进行了解耦和切割,使得区块链发展成为 IT 基础设施从而为各行各业赋能成为可能。

(三)区块链的金融主导应用阶段(2014—2015 年)

一方面,比特币的飞速发展验证了区块链革命性技术的可行性;另一方面,区块链技术与加密货币解耦和切割后,率先积极拥抱区块链的是金融业。区块链技术的应用场景包括货币发行、支付清算、数

---

① 杨东.监管 ICO[J].中国金融,2017(16):69-70.

字票据、证券交易、贸易融资、权益证明、征信管理、金融审计、信息存证、监管科技等,而且部分应用已从概念验证走向了落地实践。在国际上,2014 年 Ripple 主导的 XRP 和 2017 年 IBM 主导的 Blockchain World Wire 都已实现客户的秒级全球区块链跨境支付;2015 年美国纳斯达克交易所上线基于区块链的私募股权发行交易服务证券交易系统;2018 年摩根大通基于区块链 Quorum 推出自有银行数字货币 JPM Coin;2018 年由 IBM 和五家银行组成的联盟开发出了基于区块链的贸易融资平台 Batavia;2018 年世界银行指定澳大利亚联邦银行首次使用区块链技术发行了价值约 8100 万美元的债券。在国内,2017 年浙商银行推出基于区块链技术的数字汇票平台;2018 年浙商银行推出基于区块链技术的应收款链平台;2018 年蚂蚁金服主导的 AlipayHK-Gcash 基于区块链推出跨境汇款系统;2016 年中国平安设立了基于区块链技术的"同业资产交易平台";2016 年阳光保险推出基于区块链技术的"阳光贝"积分项目。由此可见,区块链与加密货币解耦和切割后,金融行业成为区块链星火燎原和攻城拔寨的重要领域。这主要是因为区块链技术本身与金融有着天然的血缘关系,金融本质上还是基于信息挖掘的附加值巨大的中心化活动,而区块链可以解决金融协作主体之间的信任痛点,优化金融协作主体的生产关系,全面提高金融协作主体的生产力,大幅增加金融协作主体的附加值。

(四)区块链的标准形成阶段(2016 年至今)

区块链技术应用于金融领域后爆发出的惊人潜力使其成为全球关注的热点前沿技术,对其他各行各业利用区块链创新带来强烈的示范效应和巨大的预期空间,所以全球各行业也在紧锣密鼓地进行区块链应用的布局。2020 年,区块链的应用范围拓展到政府、医疗、文化等各个领域,为解决各行业主体间的信任问题与价值交易的安全问题提供了新的研究思路,促进了区块链技术的落地与应用。随着区块链技术的不断发展、共识机制的日渐成熟,区块链将会进入下一轮高速发展阶段,给社会各个领域带来巨大的影响。① 中国信息通信研究院的研究数据显示,2019 年 1—8 月,全球区块链投融资交易规模达 20.28 亿美元,美国、中国、韩国、瑞士、加拿大是全球区块链投融资金额最高的 5 个国家。为进一步加快区块链的成熟和促进应用合作,国际组织及各国都纷纷出台区块链技术标准。2016 年,国际标准化组织(ISO)设立了区块链和分布式记账技术委员会(ISO/TC 307),发布智能合约概述及其交互相关标准 1 项,另有立项在研标准 10 项,涉及术语、用例、参考架构、隐私和个人可识别信息保护、安全风险和漏洞等。2017 年,国际电信联盟标准化部门(ITU-T)成立了分布式账本焦点组(FGDLT)、数据处理与管理焦点组(FGDPM)以及法定数字货币焦点组(FGDFC)三个焦点组,开展区块链相关标准化工作,其中分布式账本技术的安全威胁标准(ITU-T X.1401)等标准研制工作正在有序推进。我国也在积极参与相关国际标准的研制工作,如关于分类和本体、参考架构的两项 ISO 标准以及关于参考架构、技术评估准则等的六项 ITU 标准。同时,我国还立项了多项国家标准、行业标准、团体标准,比如 2019 年国家互联网信息办公室发布的《区块链信息服务管理规定》、中国人民银行正式发布的《金融分布式账本技术安全规范》(JR/T 0184—2020)等。任何创新技术只有实现大规模的协作应用才能有效地释放能量和红利,但是技术实现大规模协作的前提是形成统一的标准。区块链技术国际标准的形成和实现全面应用还需要一定的时间,但是已在眼前。国际知名技术咨询公司高德纳(Gartner)在《2019 年区块链技术成熟度曲线》中指出,分布式账本将在 2 年内达到生产成熟期,区块链、共识机制、智能合约等还需 2 至 5 年,零知识证明、区块链互操作性等则还需 5 至 10 年。

---

① 李燕,马海英,王占君.区块链关键技术的研究进展[J].计算机工程与应用,2019
(20):13-23.

第二节　区块链金融发展现状分析

目前区块链金融正在跨境支付、数字票据、供应链金融、征信管理、智能保险、资产管理等多种金融业务场景开始商业应用探索。

一、跨境支付

跨境支付的特点在于付款方和收款方不在同一国家，涉及不同的支付体系、支付工具和金融机构。传统的跨境清算系统在处理跨境支付交易时需建立多方代理关系，在不同国家的清算系统中进行记录、对账与清算等操作，导致跨境支付交易处理速度慢且手续费居高难下，小额跨境转账的手续费有时甚至比转账金额高。基于区块链技术的去中心化、去信任化特点，可构建区块链跨境支付系统，形成一种基于区块链的价值评估体系，降低跨境支付风险，提高跨境支付效率，节省跨境支付成本。①

根据埃哲森数据，跨境支付与结算具有巨大的市场潜力，每年银行间处理的跨境支付金额达 25 万亿—30 万亿美元，交易量达 100 亿—150 亿笔。但是传统的跨境汇款一般都是通过 SWIFT 系统，手续费较高且通常是隔天甚至几天后才能到账。为解决此痛点，2018 年 6 月 25 日，在全世界的见证下，杭州蚂蚁金服宣布上线全球首个基于区块链的电子钱包跨境汇款服务，并且现场完成了第一笔汇款。这笔汇款由在中国香港工作 22 年的菲律宾人格蕾丝（Grace）完成，耗时仅 3 秒，而在之前需要 10 分钟到几天不等而且流程要复杂烦琐得多。港版支付宝 AlipayHK 的用户可以用手机向菲律宾挂牌电子钱包

---

① 丁宝根，赵玉，彭永樟. "区块链＋跨境电商"变革的现实性、限度性与政策建议[J]. 当代经济管理，2020(1)：64-70.

GCash 实现基于区块链技术的快速转账。在区块链技术的支持下,跨境汇款如今也能像本地转账一样实现实时到账,7×24 小时不间断,省钱省事,安全透明。

二、数字票据

在票据市场,基于区块链技术的数字票据成为一种更安全、更智能、更便捷的票据形态。[①] 区块链在金融票据场景的应用,可有效地解决票据业务的三个痛点:一是区块链可根据无可争议的一致性,确定票据是否存在篡改、伪造等问题,即可以准确验证票据的真实性;二是区块链分布式结构的统一共享账本,可以消除信息不对称问题,特别是票据的所有人和状态属性,能防止一票多抵的乱象,实现票据价值传递的去中介化;三是每张数字票据运行在区块链上,拥有独立的生命周期,通过智能合约实现票据的高效流通转让,提高票据交易率。

2017 年 1 月,浙商银行推出基于区块链技术的移动数字汇票平台,为企业与个人客户提供在移动客户端签发、签收、转让、买卖、兑付移动数字汇票的功能,从而为客户提供移动端的信用结算产品,提高客户资金管理效率并降低使用成本,成为国内首个采用区块链技术实现核心银行业务的实际应用。通过移动数字汇票平台,客户可在采购时使用移动数字汇票 App 中的二维码进行移动汇票的收付结算。区别于传统的纸质与电子汇票,通过采用区块链技术,移动汇票将以数字资产的方式进行存储、交易,不易丢失、无法篡改,具有更强的安全性和不可抵赖性。未来其他银行可快速接入和参与到这一业务中,并通过区块链的去中心化、去信任化、天然清算等特性对资金进行实时清算,免去不同机构之间进行对账所需的第三方信用主体、时间成本和资本耗用,有效提升了清算效率。浙商银行基于区块链技术的移动数字汇票平台为汇票以及其他应用提供了更为丰富的想象空间,为后续基于区块链的金融核心业务的深入发展与应用提供了坚实基础。

---

①林晓轩.区块链技术在金融业的应用[J].中国金融,2016(8):17-18.

三、供应链金融

基于区块链技术的供应链金融大大简化了烦琐的纸质申请流程，提升了系统的社会效益和经济效益。[①] 供应链金融利用区块链去中心化、信息透明化等优势构建开放、共享的信用框架，可全方位、多层次、各角度跟踪供应链金融系统中利益相关主体的实时信用变化轨迹。典型的应用场景有反向保理、保兑仓融资、应收账款融资以及供应链金融 ABS 等。

杭州趣链科技的飞洛供应链区块链金融产品解决了企业应收账款拆分、多级转让难题，极大地简化了供应链金融业务审批流程，提升了放款效率，实现秒级审批、实时到账，所有金融票据作为数字资产被安全、完整、永久地登记于所有的区块链节点，解决了核心企业、资金方、保理商等参与方之间的信任问题。区块链技术为平台优质资产的打包与转让提供了全流程可追溯、穿透式资产确权和验真的渠道。飞洛供应链已经联合浙商银行共同推出国内首个基于区块链的应收款平台。截至 2018 年末，该平台累计签发金额高达 1000 多亿元。与西美保理联合运用的应收账款平台"西美链"，半年内已达成上亿元的应收账款规模，并在 2019 年初获批上交所 30 亿额度的 ABS 产品，于 3 月底在上交所成功发行。目前，飞洛供应链区块链平台已与 24 家国内外金融客户达成合作。

四、征信管理

区块链征信可以有效解决传统信息登记服务领域如证书登记、产权登记等在可信度等方面存在的诸多问题，比如易被篡改、无法自证完整与真实性等。区块链基于科学算法和智能合约，使得信任不必基于商业信用或强制力，而仅仅基于透明可信的规则和技术，便能奠定

---

① 朱兴雄，何清素，郭善琪. 区块链技术在供应链金融中的应用[J]. 中国流通经济，2018(3)：111-119.

信任的基础,优化社会征信管理体系和能力。

2018 年 3 月,中钞信用卡产业发展有限公司杭州区块链技术研究院基于区块链技术推出了络谱区块链登记开放平台(简称络谱平台)。络谱平台是一个基于自主知识产权的开放式可信登记平台,通过底层区块链联合各合作方对数字身份、可信数据、数字凭证进行可信记录,为企业用户提供可查询、可验证、可监督、可追溯、不可篡改的权属登记和信息公示服务。截至 2019 年 12 月,近 60 家企事业单位申请接入络谱平台进行联调测试,共同探索在司法、食品溯源、电子政务等领域的应用落地,累计存证近 270 万条。如在司法领域,和法院、银行联合共建破产管理系统,基于络谱平台进行清算案件管理,简化了债权人会议流程,提高了决议效率,保障了投票人知情权、表决权等的行使。

第三节　基于区块链的数字金融应用风险

基于区块链的数字金融应用是金融业融合区块链技术的全面创新。金融是国家的重器,本质是服务实体经济,核心是风险控制。区块链则是一个设计复杂和构思巧妙的技术结构,是集前期多种学科研究成果于一身的技术创新。然而,区块链技术也不是完美无瑕的,也存在问题和缺陷。因此,金融创新过程中应用区块链技术时也面临着相应的风险和挑战。具体来看,基于区块链的数字金融应用风险主要分为技术性风险和非技术性风险。

一、基于区块链的数字金融应用的技术性风险

(一)区块链的数字金融应用需要具备相应的应用条件

区块链技术只有在满足特定的条件时才能发挥其能量和价值,否则不但无法发挥作用,甚至可能要推倒重新建设区块链系统。美国国

土安全局认为应用需要满足多个协作方在缺乏信任的基础上提供非隐私和无法修改的数据,而且这些数据需要共享一致的数据存储账本。图 1-3 的适用性分析流程说明应用区块链技术至少要同时满足 6 个条件,这也说明使用区块链金融的应用也必须充分地分析应用环境和场景,否则盲目跟风求新将造成较大的资源浪费和损失。当然,本书认为图 1-3 是对公有链应用的要求,采用联盟链和私有链时可以根据协作主体的线下协商规则对一些条件进行放宽或取消,但是不确定信任环境、协作提供数据、一致数据存储、数据溯源是使用所有区块链都需满足的基本条件。

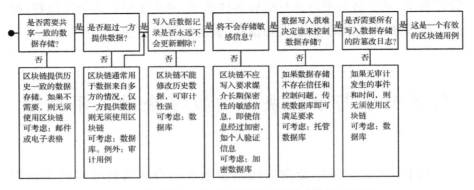

图 1-3　美国国土安全局区块链适用性分析流程

资料来源:中国互联网金融年报(2019)。

(二)区块链的数字金融应用也面临临界安全值攻击威胁

虽然区块链的技术逻辑清晰,理论上很难被暴力破解,但通过挟持大批僵尸机,或采用工会集群运作模式,仍有数据被篡改的可能。[①] 区块链被誉为信任机器是因为所有算力节点采用分布式一致算法来共同维护历史交易记录账本,一旦有算力节点恶意修改部分账本,就可以通过共识机制来识别被篡改账本。但是,区块链系统建立在大多

[①]王硕.区块链技术在金融领域的研究现状及创新趋势分析[J].上海金融,2016(2):26-29.

数算力节点为诚实节点的基础上,如果作恶节点的算力超过50％,区块链就会受到所谓的"51％攻击",作恶节点将控制整个区块链系统,这就是区块链的临界安全值攻击威胁。特别是基于工作量证明(proof of work,POW)的公有链,如果算力节点数量规模较小且算力强度又不均匀,"51％攻击"系统安全缺陷将严重威胁区块链金融的应用安全。比如,2018年5月私人数字资产"小币种"区块链货币"比特币黄金"遭遇"51％攻击"时,小规模算力节点的区块链脆弱性成为焦点,这也为区块链金融的其他应用敲响了警钟。尽管联盟链可以采用所有管理节点平均分配算力的机制,但也依然存在被"51％攻击"的可能。因此,任何一个区块链金融应用系统都必须确保一定的诚信节点规模来有效应对临界安全值攻击威胁。

(三)区块链金融存在系统调整弹性困境

区块链是一个技术平台,也是一个基础架构,与TCP/IP类似,通过将核心功能分成六层,让各层互相配合互相支撑,保证整个区块链系统的正常运作。这六个层面从底层向上依次为:数据层、网络层、共识层、激励层、合约层、应用层,每层的核心功能详见表1-2。由表1-2可以看出,区块链与TCP/IP非常类似,本质上是一系列复杂技术、协议、算法架构而成的井然有序的技术平台。修改和调整应用层之下层级是非常困难的,就比如盖好的房子,房子内部的装修可以更改,但更改房子的框架和地基就基本不可能,除非推倒重来,所以区块链应用有"一链一应用"的说法。区块链金融采用区块链系统来运维金融活动,因此也存在系统调整弹性困境。多节点运维的区块链特别是公有链,在开始运作之后,由于账本不可更改,要实现全网性的漏洞修复或协议调整极其困难,若在没有全网共识的条件下对区块链进行更新,可能会导致节点无法立即在两个区块链分叉中做出选择,出现左右摇摆的情况。[①] 最终的结果就是区块链分裂成二条链(又称硬分叉)。

---

① 韩璇,袁勇,王飞跃.区块链安全问题:研究现状与展望[J].自动化学报,2019(1):206-225.

区块链的分叉将极大地损害区块链的价值和生命力。比特币、以太坊在早期都出现过硬分叉,导致比特币、以太币的价值产生了剧烈的波动。这些早期非私人区块链金融的应用困境是一种经验教训。因此,区块链金融系统在应用前期必须做好前瞻性设计。

表 1-2　区块链的六层体系架构

层次	核心功能
应用层	各类具体的应用场景,比如多中心金融、社区治理、智能制造
合约层	主要包括各种脚本、代码、算法机制及智能合约
激励层	运维经济激励的发行制度和分配制度,主要有奖励数字数币或权益量
共识层	共识算法以及共识机制,主要有 POW、POS、POE 三种
网络层	分布式 P2P 组网机制、数据传播机制和数据验证机制等
数据层	数据区块结构、基础数据、基本算法,比如非对称加密、哈希算法

(四)区块链金融应用也存在"三元悖论"困扰

在传统货币银行学中,存在"不可能三角",也称为"三元悖论",即在开放经济下一个国家无法同时实现货币政策独立、汇率稳定与资本自由流动,最多只能同时满足两个目标,而放弃另外一个目标。相类似,当前的区块链技术也存在"不可能三角",即无法同时达到"高效低能""去中心化""安全"这三个要求。[①] 特别是公有链,在运行中无法同时兼顾"去中心化""高安全性"和"强吞吐率(可扩展性)",三方面中只能兼顾其中两个。三元悖论的本质是现有科学条件下区块链思想和构架的原生性问题。去中心化(decentralization)是指拥有大量参与区块生产和验证交易的节点,强吞吐率(scalability)是指每秒可处理很大的交易量,高安全性(security)是指获得网络控制权需要花费高昂的成本。区块链系统要兼顾"去中心化"和"高安全性",就必须采用高强度共识算法、高频度网络协作要求运维节点,共同维护交易记

①陈一稀.区块链技术的"不可能三角"及需要注意的问题研究[J].浙江金融,2016(2):17-20.

录并确保交易记录不会被控制和伪造。系统交易前的信任共识工作需占用和消耗系统大量的计算资源和网络带宽资源,"强吞吐率"自然就很难兼顾,典型代表就是比特币区块链系统。比特币完全去中心化,也很安全,但是每秒只能处理 7 笔交易,吞吐率相当低。要兼顾"去中心化"和"强吞吐率",就需要所有节点以工作量证明的共识机制参与交易账本的维护,但要保持"强吞吐率",比如每秒处理几万笔交易,则需要通过分片化存储的方式,先通过一些分支节点进行储存和计算,并在一定时间内整合归并到主链上,即"闪电网络"技术。但是,主链加侧链的非单链模式因算力分散明显牺牲了系统的"安全性","高安全性"自然就很难保证。典型代表就是以太坊区块链系统,如果不采取分片化存储的方案,每秒只能处理 30 笔左右的交易;如果采用分片化存储的方案,每秒吐吞率可达 3000 笔,但安全性不高。要兼顾"高安全性"和"强吞吐率",意味着区块链系统每秒需要处理大量交易,又要防止作恶节点获得网络控制权(这需要花费高昂的成本),在这种情况下,要么采用基于工作量证明的低吞吐率共识机制,通过减少参与节点维持高吞吐率,要么基于数量有限的高信用的联盟节点,采用权益证明(proof of stake,POS)、股份授权证明(delegated proof of stake,DPOS)等高吞吐率共识机制,但两者都是牺牲"去中心化"的结果。典型代表就是 EOS,其由 21 个既得利益超级节点来维护系统账本,是一个采用 DPOS 的"弱中心化"区块链系统。区块链金融应用主要采用联盟链,联盟链采用超级可信节点来维护系统账本,但如何保持超级可信节点不人为地作恶也是合作主体的难点。

(五)区块链金融缺乏针对用户私钥问题的救赎机制

区块链系统采用非对称加密进行用户身份的验证,即用户要成为区块链系统中的节点,必须通过注册获得唯一公钥及与其匹配的唯一私钥。用户使用私钥进行身份验证以及一切涉及资产交易的活动授权。所以,在区块链金融系统中,私钥是证明账户所有权的唯一凭证和进行交易的唯一通行证。一旦用户的私钥被遗忘或被灭失,用户就再也无法取得对应公钥账户的金融资产。另外,用户如果泄露了私钥,私钥本身又无法更改,账户中的金融资产被非法转移后,由于区块链交易的不可回滚,被窃取的金融资产将无法追回。所以,针对私钥问题引起的金融资产损失灾难,区块链不存在救赎机制,不可逆的绝对安全措施成为阻碍区块链金融应用建立用户灾难救赎机制的主要因素。

二、基于区块链的数字金融应用的非技术性风险

(一)理念风险

2009 年,美国因金融危机采取了"量化宽松"的货币政策,在此背景下,区块链与比特币一起带着理想和抗争诞生,即采用完全去中心化的方式反抗中心化货币体系导致的不公正的财富转移,这是早期区块链发展中以"完全去中心化"为意识形态的核心标签的原因。随后,各种模仿比特币的完全去中心化的区块链系统不断涌现,但遗憾的是,完全去中心化的区块链系统在现实世界中根本无法落地应用,因为它并没有带来实际价值。绝大多数完全去中心化的区块链系统已经下线。现实世界中,根本不存在完全去中心化的"乌托邦"组织,由于不存在完美无缺的组织,由事先约定而成立的去中心化组织一旦遇到极端状况,因缺乏强有力的协调中心,组织力量必定会分裂、崩溃和消失。这也是为什么比特币、以太坊都发生过分裂,且未来依然存在分裂风险的根本原因。由此可见,去中心化是区块链的独特优点,但是原教旨地奉行去中心化意识形态又成为区块链的致命缺陷。比如,区块链产业园中有一大批区块链企业围绕"公有链"的私有数字货币产业链开展业务,随着私有数字货币价格的大幅波动,特别是系统分裂时期价格波动尤其剧烈,即使不考虑其他因素,这些区块链企业也难以存活。2018 年之后,所有区块链产业园都把主营业务为"公有链"的私有数字货币相关企业"请"了出去。

(二)监管风险

区块链作为重大集成创新性技术,日益成为全球关注的热点前沿

技术。以中国和美国为代表的世界各国也在积极布局区块链技术,区块链应用已延伸到数字金融、物联网、智能制造、供应链管理、数字资产交易、医疗健康、商品防伪、食品安全、公益、社会救助等多个领域。但是,区块链技术毕竟还是新兴技术。一方面,区块链的技术标准和安全保障体系还处于探索阶段,特别是区块链采用非对称加密机制,如果没有私钥,监管机构难以对区块链存储的信息进行监控、审查、屏蔽或删除,所以各国都在积极探索区块链技术的监管措施;另一方面,区块链与各行业融合推出的创新应用容易形成监管盲区或触碰原来行业的监管边界。因此,区块链系统在各行业落地应用走向成熟的过程中都要适应监管政策的调整。比如,在中国,2019 年 1 月之后,所有区块链服务系统必须符合《区块链信息服务管理规定》,不符合的,必须整改或下线。2017 年之前,区块链私人数字货币可以在国内发行和融资,此后则被禁止。但是,区块链私人数字货币的发行和融资在美国是合法的,美国只是对一些特别的互联网公司发行的私人数字货币实行区别监管。

(三)法律风险

分布式记账技术依靠节点的共同参与来维护交易信息,不再依靠中心化机构的权威性来取得信任,区块链金融一旦实现,势必会对现今的政府或其授权的管理部门的地位以及现行法规构成挑战。[1] 区块链金融系统既包括权益凭证数字化的线下资产,也包括纯数字化的虚拟资产。如果区块链系统交易双方发生诉讼争议,现有法律体系对区块链系统中的线下资产可以进行有效控制并保障活动主体的法律权益。但是,对于区块链系统中的纯数字化的虚拟资产,在与现有法律体系如何对接、协调和适用等方面存在诸多问题,如果法律性质不明确,交易双方的法律权益根本无法得到保障。比如,在以太坊区块链系统中利用智能合约进行基于以太币支付的数字虚拟产品回报的

---

① 崔志伟.区块链金融:创新、风险及其法律规制[J].东方法学,2019(3):87-98.

众筹融资,如果投资双方因产品的功能或技术细节产生争议,投资方要主张权益并拿回以太币就非常困难。一方面,私人数字货币以太币或智能合约的法律地位没有形成普遍共识;另一方面,即使法律支持投资方的法律主张,如果融资方不配合也无法采取强制执行的方式来保障投资人的权益。2018 年 6 月,杭州互联网法院对一起侵害作品信息网络传播权纠纷案进行公开宣判,首次对采用区块链技术存证的电子数据的法律效力予以确认,并明确了区块链电子存证的审查判断方法。该案中,原告华泰××公司为证明被告深圳××公司在其运营的网站中发表了原告享有著作权的相关作品,通过第三方存证平台,进行了侵权网页的自动抓取及侵权页面的源码识别,并将该两项内容和调用日志等的压缩包计算成哈希值上传至 Factom 区块链和比特币区块链中。在实际中,存在大量无存证区块链金融资产交易活动,法律权益根本无法得到保障。

(四)非法应用的溢出风险

区块链技术与其他互联网技术一样,在给世界带来技术创新红利的同时,也被各种非法应用所困扰。区块链技术因早期与比特币是孪生体,与金融有着天然紧密的联系,而且区块链交易活动可以实现完全匿名和不受任何组织的监管与约束,所以区块链金融也成为各类居心叵测之徒违规违法的新手法和新模式。比如,通过非法代币发行加密货币融资或鼓吹加密货币小投资高回报等各种所谓的区块链项目,诱骗民众入局并快速收割其财富,严重地危害社会稳定;利用区块链虚拟货币的匿名性公然犯罪进行敲诈勒索,如 2017 年爆发的 Wanna Cry 比特币勒索计算机病毒,用户计算机中病毒后只有支付相应的比特币赎金才能解锁计算机;利用区块链虚拟资产违规向境外转移外汇资产,扰乱主权国家的外汇管理;利用区块链构建新型暗网进行毒品交易、人口贩卖、军火走私等恶性违法交易,这些暗网又采用比特币进行支付和结算,比传统暗网有更强的隐蔽性和反侦查性,对社会安全和治理造成十分严重的威胁。

第四节 基于区块链的数字金融应用监管对策

一、思想树立理性认识

区块链早期的"去中心化""完全自治""匿名交易"等机制被媒体和比特币炒家大肆宣扬,误导公众认为这些突出优点是区块链未来发展的核心竞争力。事实上,这正是影响区块链健康发展和实现价值的致命缺陷。随着时间的推移,区块链系统必定会面临通过系统升级才能解决的重大问题,但是在去中心化的自治公有链中,如果匿名系统中所有算力运维节点无法就系统升级达成共识,算力运维节点就会分裂成保守派和革新派,保守派节点拒绝升级并仍然使用原始系统链接,革新派节点执行升级并采用新的链接,该区块链的一条链在系统升级完成后就会分裂成两条链,即区块链分叉。区块链分叉从本质上来说是违背了组织去信任主体的协作初衷,使区块链的价值在不断分叉中瓦解,比特币和以太坊这两个知名的去中心化区块链都发生过大分裂。网络世界的协作是人类现实全球协作的延伸与深化,协作组织规模越大,就必须匹配管理水平越高超的中心化管理协调主体。所以,政府对基于区块链的数字金融应用应保持理性认识,重点扶持区块链"多中心化"应用,即使存在"去中心化"应用,但在监管层面必须保证中心化,实现权益保障法治化。

二、政府统筹顶层规划

如今,区块链已成为世界主流国家展开科技实力竞争的重要战场。2019 年,习近平总书记在中央政治局第十八次集体学习时强调,要把区块链作为核心技术自主创新重要突破口,加快推动区块链技术和产业创新发展。① 区块链已经成为我国科技发展的重要战略布局之一。为使我国区块链数字金融快速健康发展并早日夺取战略制高点，我们要统筹做好顶层规划，设计出具有前瞻性的总体方案就显得尤为必要。对此，一要加快出台国家框架标准内的区块链金融子标准，让我国区块链金融企业的发展遵循统一的技术要求和标准，减少资源浪费，形成行业发展优势；二要明确技术发展路径，着力发展联盟链并攻克一批关键核心技术；三要创新监管模式，明确监管执法主体，提升科技监管能力，实施基于数字监管思维的创新监管模式，实现透明监管、协同监管和有效监管；四要加快完善法律制度，用不断完善的法律法规为区块链的参与主体保驾护航，明确区块链法律定位、区块链标的及运行中产生的数据资产的权益归属、法律确权依据等；五要构建生态应用，推动区块链行业应用规范，鼓励实力雄厚的大型企业如蚂蚁集团等主体实施行业区块链落地创新应用，逐步构建行业区块链生态圈；六是要加大人才培养力度，充分发挥和整合高校、行业及社会的各种资源制定多层次培训体系和认证体系，为我国区块链发展提供充足的人才支撑。

三、应用遵循价值导向

从科学的发展史来看，科学本身是偶然出现的产物，科学技术发明基本上也是一样，且诸多科学技术早期并没有实用价值。区块链技术也是一样，诞生并应用于一种全新的且无价值的（在当时看来）加密符号——比特币，发明者"中本聪"只把区块链技术理解为一种由块组成的链式数据结构，并描述为 chain of blocks，因为没有意识到这是一个开启互联网技术革命的集成新技术，所以早期区块链连定义和名字都没有，"block chain"也是比特币流行后学者才给定义的。比特币因自稳健运营且自由不受监管，开始在极客圈和黑市受到追捧，价格也开

---

① 习近平主持中央政治局第十八次集体学习并讲话[EB/OL]. (2019-10-25)[2022-10-21]. https://www.gov.cn/xinwen/2019-10/25/content_5444957.htm.

始暴涨。一些居心叵测之徒就利用投资比特币或以加密货币项目融资（ICO 融资）为名大肆收割普通民众的财富。因此，区块链早期的应用主要是炒作虚拟货币。炒作虚拟货币并不产生任何社会价值，反而会对社会安定造成多方面的冲击和危害，这也是我国央行禁止国内比特币交易和 ICO 融资的根本原因。当然，一些行业人士和专业学者也逐渐意识到区块链可以与社会服务和实体经济服务进行深度融合，通过区块链改变参与主体之间的生产关系，从而释放巨大的经济红利，如拓展交易边界、缩短中介链条、优化业务流程、提升协同效率、推进数据共享、降低运营成本、建设可信体系等，这就是我国把区块链技术推动产业创新作为发展战略的逻辑所在。所以，我国区块链金融应用必须与"炒币""圈钱"划清界限，遵循价值导向是未来的根本和基础。

四、主体强化底线意识

随着区块链成为我国未来产业创新发展的战略性新技术，我国在区块链领域布局的企业主体不断增加。据赛迪顾问统计，截至 2019 年上半年，我国登记在册的区块链相关企业共 2700 多家，实际以区块链为主营、注册后有投入产出的企业共 704 家，产业规模约 4.95 亿元，同比增长 10%。在行业应用方面，整体来看，应用较为分散，行业占比前六的应用分别为金融应用（18%）、解决方案（10%）、BaaS 平台（9%）、供应链应用（8%）、数据服务（6%）、媒体社区（5%）。由此可见，区块链产业在我国呈现快速多元发展的局面，这对区块链产业的监管提出了较大的挑战，特别是区块链应用相对较多的金融领域。截至 2020 年，我国针对区块链信息服务提供者出台的监管法规政策仅有《区块链信息服务管理规定》，对区块链信息服务提供者执行备案管理。但是，仅有宏观框架的监管政策远远不够，因为具体的行业应用存在明显的差异性和特殊性。例如，针对区块链金融，我国要尽快推动区块链金融相关立法建设，明确各参与主体的权益归属、负面清单和法律责任。我国监管主体要在明确监管职责和边界的前提下，坚守依法监管的底线，把依法治网落实到区块链金融管理中，确保区块链金融安全有序发展,特别是对利用区块链金融挑战国家主权、冲击主流意识形态、扰乱社会秩序和收割民众财富等活动要实施零容忍监管。对一些面向未来的超前区块链创新应用,在难以准确把握其价值内涵时,应采取试点监管、沙盒监管、迭代监管的组合式创新监管方式,如果涉及大众利益,还必须设立风险基金,一旦区块链创新应用项目主体存在违法违规行为,可以利用风险基金补偿权益受害人。

五、产业标准力争主导

区块链并不只是一种纯粹的技术,同时也是一种社会的技术、组织的技术。通过区块链,我们可以在数字世界中建立一种陌生人之间去信任的全新协作模式,并可以将这种模式映射到现实世界中形成全新的生产关系,区块链也因此被称为第四次工业革命的驱动力,未来具有巨大的战略价值和产业规模。所以,区块链的全球技术标准成为各国竞争的焦点,因为获得标准制定权就意味着掌握了未来区块链产业的制高点和话语权,能有力保障本国区块链的产业权益。根据中国信息通信研究院在 2019 年发布的《区块链白皮书(2019 年)》,全球区块链专利的申请数量高达 1.8 万余件,中国的占比超过 50%,居全球第一。IPRdaily 公布的 2019 年全球区块链发明专利前 100 名企业中,中国企业占 32 席。这充分说明我国完全有实力参与全球的区块链行业标准和产业规则制定。对此,我国一方面要将我国成功的区块链金融应用经验和案例形成标准化的模板积极向外输出,比如,在IEEE、ISO、W3C、ITU 等国际化组织中推荐并推广中国标准;另一方面要通过国家参与国际合作组织,以国际数据共享、监管协同为抓手,促进监管机构间的国际合作,特别是提高区块链跨境风险的防范和治理,既有利于我国区块链金融跨境应用的各类风险控制,又能在国际区块链金融合作治理上获得先机,推动我国成为区块链金融领域全球行业标准的领导者。

第二章

数字货币

本章主要研究讨论中国人民银行（简称中国央行）发行数字货币的路径、问题及其应对策略，以及虚拟货币的本质、价值和未来发展两个问题。

第一个问题的研究背景是随着中国央行公开宣布将尽快发行数字货币，法定的数字货币发展受到社会各界的高度关注。本章首先从发行主体的视角对数字货币进行分类和定义，接着从货币的演进过程出发讨论央行发行数字货币的必然性及其带来的积极作用，然后根据央行高层及数字货币项目组公开发表的论文对中国央行发行数字货币的路径选择展开分析，最后基于理论和逻辑推演的视角，分析中国央行数字货币面临的问题并提出应对策略。

第二个问题的研究背景是随着以比特币、以太币等为代表的基于区块链技术发行和运行的虚拟货币的用户群体不断扩大和价格持续上涨，社会各界对虚拟货币的争议也持续升温。本章对关于虚拟货币价值的三种观点进行了归纳对比，并从经济学的视角分析了虚拟货币的本质，认为虚拟货币是一种流动性仅次于现金的国际资产商品，未来将继续在各国政府的经济政策向凯恩斯主义倾斜、监管政策迥异和区块链技术普及的大背景下得到蓬勃发展，最终形成法定货币主导与多种形式的虚拟货币相互竞争及互补的新货币体系格局。

第一节　中国央行发行和流通
数字货币的应对策略

一、数字货币的概念

随着基于区块链技术发行和运行的比特币被越来越多的用户和企业所接受，数字货币受到广泛关注。但关于数字货币的定义还存在争议，尚未形成统一的表述，数字货币有时叫电子货币，有时也被称为虚拟货币。基于发行主体的视角，数字货币可分为央行数字货币和私人数字货币。央行数字货币，由国家央行发行，是具有主权性和法偿性的纯数字化货币。私人数字货币并非由央行发行，但能在线上对网络经济中的部分或全部商品和服务交易进行支付结算，如比特币、花旗币和Q币等。央行数字货币与私人数字货币存在本质区别，只有央行数字货币具有国家信用支撑，才能称为真正意义上的货币。[①] 虽然以比特币为代表的私人数字货币的应用范围正在不断扩大，但截至2017年，没有任何国家承认私人数字货币的法权货币属性，也没有任何一种私人数字货币被广泛接受用于支付商品、劳务和清偿债务。所以，私人数字货币本质上是一种商品。

二、从货币的演进看央行数字货币发行的必然性

货币作为价值尺度与流通手段相统一的媒介商品是随着人类生产力和经济水平的发展不断创新和演进的。根据形态，货币的发展可以分为一般等价物阶段、一般等价物代币阶段、信用货币阶段、数字货币阶段这四个阶段，详见表2-1。

[①] 盛松成，蒋一乐.央行数字货币才是真正货币[J].中国金融，2016(14):12-14.

表 2-1　货币的演进发展

货币属性	一般等价物	一般等价物代币	信用货币	数字货币
起源时代	农耕、冶炼时代	印刷时代	工业电子时代	网络时代
货币本质	等价商品	等价商品代币	信用债权记账凭证	信用债权记账符号
货币代表	贝壳、铜币、铁币、金银币	飞钱、银票	纸币、硬币、电子货币	比特币、厄瓜多尔币、RSCoin

资料来源：笔者根据公开资料整理得到。

(一)一般等价物阶段

货币起源于原始社会农耕时代物物交换的不便与低耦合性，人类开始采用实物等价物，即一般等价物，比如贝壳，作为交换的媒介物，把各种生产物品的使用价值都抽象为一般数量的等价物以解决需求不匹配、时间不匹配等问题，随后人类掌握了冶炼技术并发现金属制币更易存储，价值也更稳定。金、银因具有良好的稳定性、稀有性和明确的信用预期，自然成为人们理想的货币工具。正如马克思在《政治经济学批判》中所说的，"金银天然不是货币，但货币天然就是金银"[①]，直到现在，黄金依然是各国央行的重要储备资产。

(二)一般等价物代币阶段

由于一般等价物存在不方便大量携带的缺点，无法满足大范围和大交易额度的商品交换。于是，人类利用印刷术发明了一般等价物代币，比如唐代的"飞钱"、北宋的"交子"。一般等价物代币是金属货币的代表物，其信用基础在于随时可以提取金属货币，所以无论是一般等价物或一般等价物代币，能成为货币的关键在于货币媒介本身的内在价值。

---

①马克思.政治经济学批判[M].北京：人民出版社，1976：135.

(三)信用货币阶段

人类进入工业和电子时代后,生产力大幅提高,经济发展的速度和规模不断增加,金属货币需求量日益增加,金银等金属货币的供应量上限与社会生产和商品流通之间的矛盾日益突出。同时,各国政府为获得更高的铸币税也有意不断降低货币成色,因为人们只在乎货币是否被大家接受,并不在乎货币的成色,哪怕是毫无成色。于是,完全没有商品内在价值支撑的信用货币出现了,比如纸币和硬币。信用货币的票值价值与内在价值完全脱钩,使货币的本质演变成一种债权记账凭证,信用的基础在于人们对货币发行主体的信赖。货币的支付手段实质上是一种以信用为基础的延时交易,即交易中商品及货币的所有权在时间、空间维度上相分离。① 在历史上,中央政府和商业银行都曾做过信用货币的发行主体,但都因屡屡滥发货币而被市场所抛弃,因此,具有一定独立性的央行应运而生。央行通过合理发行货币并对所发行的信用货币给予监管控制以维持货币总量与经济规模增长相匹配,实现货币的价值稳定。随着人类进入工业电子时代,商业银行将人们存在银行的货币进行了电子化,人们通过刷银行卡或计算机指令操作支付电子货币来完成各种交易。虽然电子货币看不见、摸不着,但只要银行的电子账户能正确记录人们所持有的货币数目,人们就能接受,因为人们认可商业银行的信用。虽然,电子货币都对应着真实的实物货币,但人们使用电子货币兑换实物货币的数量越来越少,频率越来越低,这说明人们已经接受无形化的债权记账凭证。因此,从理论上说,只要满足用于等价交换、公众普遍接受、记账准确和安全便捷等条件,任何主体都有可能成为货币。

(四) 数字货币阶段

2009 年,一种基于区块链技术的由程序算法自动发行的可编程

---

① 齐志远.央行数字货币 DCEP 的本质论析——基于马克思的货币职能理论[J].当代经济管理,2021(1):92-97.

的私人数字货币——比特币诞生了。比特币用数学算法设置发行上限来保证货币的价值,用加密算法来保证交易安全,用分布式记账来保证记账准确,是一种纯 P2P 的虚拟货币,能够满足去中心化、严格控制货币供给速度、精确预估货币流通总量、有效遏制通货膨胀等需求。① 所以,全球接受比特币支付的用户正在快速增加,对各个国家的支付体系、主权货币的运行体系和金融稳定性都造成了一定的影响。数字货币的到来,使货币的本质演化成信用债权记账符号,完全没有实体货币媒介与之对应,尤其是私人数字货币,其信用基础在于人们对支撑数字货币运行的现代科学技术的信赖。既然比特币这种由算法发行的虚拟债权记账符号都能获得全球不少用户的接受,那么主权政府支持的央行发行的类似比特币的虚拟债权记账符号——央行数字货币则更有值得信赖和推行的理由。央行发行数字货币不仅可以有效面对私人数字货币的挑战和稳固货币主权的控制力,还能与时俱进地优化升级主权货币的发行流通体系,通过主权货币在国际上零成本地流通和兑换,增强主权货币的国际竞争力。所以,央行发行数字货币的目的并不是取代实物货币的流通。央行数字货币在价值上是信用货币,在技术上是加密货币,在实现上是算法货币,在应用场景上则是智能货币。与现有的私人数字货币和电子货币相比,央行数字货币将呈现出全新的、更好的品质。② 因此,央行数字货币是"互联网＋"历史中央银行创新的必然产物。

三、央行发行数字货币产生的积极作用

中央银行顺势发行数字货币是人类货币历史上的一次跨越性创新,在诸多方面产生了积极作用,为创造一个更稳定、可靠和高效的金融体系提供了新途径。

---

① 贾丽平.比特币的理论、实践与影响[J].国际金融研究,2013(12):14-25.
② 姚前.理解央行数字货币:一个系统性框架[J].中国科学:信息科学,2017(11):1592-1600.

（一）节约货币发行流通成本

众所周知,纸质货币的生产环节繁多、工艺复杂、耗时费力,需要一定的成本。根据美联储 2014 年公布的数据,2013 年每张新版 100 美元、50 美元和 20 美元的生产成本分别为 12.5 美分、9.8 美分和 9.8 美分;25 美分、10 美分和 1 美分硬币的生产成本则分别为 9 美分、3.9 美分和 1.7 美分,硬币的成本面值比远高于纸币的成本面值比,1 美分硬币的制作成本甚至超过其币值。美国和其他国家保留硬币的主要原因就是流通成本,硬币的流通频率远远高于纸币,而且硬币更耐用,使用年限也远远超过纸币。在我国,根据公开数据,100 元、50 元、20 元和 10 元人民币的使用寿命分别为 36、18、18 和 21 个月,而硬币则为 20 年。如果央行发行数字货币,则不再对应实物货币,而是一串由算法控制并通过网络发行和流通的加密的数字符号。根据网络经济边际成本递减的效应,理论上央行只要一次性投入搭建央行数字货币的运行和管理平台的沉浸成本,以后央行数字货币的发行成本将逐步递减,甚至可以接近于零。央行数字货币的流通是收付双方点对点的数字传输,由于央行数字货币利用非对称的数字加密,理论上不存在破损、伪造和遗失等情况,所以流通成本也趋近于零。

（二）提高央行货币政策的精确性和有效性

人类在生产活动中会遇到各种情况,经济自然就存在波动且波动还呈现出明显的周期性。各国央行的一个重要职责就是保持国家经济的平稳增长,在经济出现大幅波动时,采用逆周期的手段来调节经济以熨平经济周期性波动带来的风险。央行调节经济最主要的工具就是货币政策,其核心就是增加或者减少宏观的货币供给。比如,2008 年美国爆发金融危机时,美联储采取了四轮量化宽松货币政策并将利率从 2007 年的 4.5% 降至 0—0.25%,多项货币政策帮助美国在短时间内摆脱了危机。但在历史上,不少央行的货币政策并没有达到预期的效果,甚至出现反效果。比如日本安倍货币政策失败的主要原因是政府希望新增货币能流入实体经济，可是对货币的最终流向却难以把控，导致大量的新增货币被转移到金融市场用于推高资产价格而进一步恶化经济危机。还有一些货币政策在现金面前完全失效，比如央行实施负利率政策，储户会增加对现金的持有，导致政策失效。与现有电子形式的本位币不同，央行数字货币是基于区块链技术、具有分散式账簿特点的可编程本位币，所以每笔资金的去向和交易信息都可以实现实时跟踪和查询，为货币政策提供连续、全面、真实的数据基础。央行数字货币的这种信息优势可提高货币指标的准确性。央行数字货币形成的大数据系统，不仅有利于提升货币流通速度的可测量性，还有利于更好地计算货币总量、分析货币结构，这将进一步丰富货币指标体系并提高其准确性。① 央行数字货币还具有可编程性，通过增加智能操作功能，央行可以借助各种程序来控制、使用数字货币，以保证数字货币资金投放至实体经济，而不会转移到金融或房地产市场，以帮助央行更准确、灵活、有效地运用政策工具。

（三）促进向无现金社会过渡

以纸币为代表的现金是主流主权国家的法币形式，与一般等价物和代币相比，其具有国家信用支撑、法偿性和强制性等优点，但也存在一些显而易见的缺陷。一方面，现金一旦离开传统金融机构，其状态就会变得难以追踪和监测，央行根本无法得知现金的流向及其拥有者，甚至不知道其是否仍然存在。所以现钞实物的转移和流通经常失去监控，在反洗钱、反恐怖、反假冒、反偷税漏税、反商业贿赂等方面存在诸多漏洞和隐患，也增加了金融监管的成本。② 另一方面，个人所持有的现金很容易成为犯罪活动的目标，比如行窃、抢劫或诈骗多是针对现金的犯罪行为。所以，政府在发行大面额的纸币时是相当谨慎的。美国前任财政部长芬伦斯·萨摩斯（Lawrence Summers）曾呼吁

---

① 盛松成，蒋一乐.货币当局为何要发行央行数字货币[J].清华金融评论，2016
(12):61-64.

② 王永利.央行数字货币的意义[J].中国金融，2016(4):19-20.

停止 100 美元面额纸币的流通。这也能说明为什么在 SDR 篮子货币中，除了日元，其他货币的最大面值均未超过 500 元。随着互联网技术与金融的深度融合与应用，建立在互联网和数字加密技术基础之上的数字货币应运而生，为政府推进无现金社会的建设提供了充分的条件。无现金社会是以数字货币支付为主的社会经济模式。在该模式中，中央银行不发行实物现金或仅发行小额的实物现金，现金的使用率极低。由于央行数字货币上无形无体，流通上采用分布式透明记账和可控匿名交易，所以针对实物货币的抢劫、行窃和偷盗等犯罪行为将无法实施，政府可以对所有交易资金流水记录实现快速追踪，使诸如洗钱、逃税等非法财务活动无处遁形，而且可以立即中止不合法交易，将非法所得的数字货币进行远程冻结或没收，无论数字货币存储在个人电子钱包，还是存放于商业银行账户。因此，无现金社会可以有效地减少以现金为目标或手段的各种犯罪行为，其安全感、公平感和认同感均高于现金社会。

（四）构建稳健高效的新金融体系

货币流通作为金融体系的最底层要素，对金融体系的正常运行至关重要。在"互联网＋"时代，金融与互联网的融合不断向纵深推进，金融体系的数字化革新也此起彼伏。以比特币、瑞波币为代表的私人数字货币基于区块链协议，以分布式、去中心化、去信任、智能合约化等技术实现安全高效的自运维已有多年。同时，大量的金融中介机构也利用区块链发行私人数字货币来缩短交易链条、降低交易成本和提高交易效率，如瑞士银行在 2015 年推出的"多用途结算货币"及花旗银行在 2015 年推出的"花旗币"等。所以采用私人数字货币的用户和机构在不断增加。同时，私人数字货币对金融体系的逐步渗透和分流，给现有金融体系带来多方面的冲击。一是取代了部分主权货币的功能，削弱了货币政策的有效性和控制力。二是私人数字货币由于发行数量相对固定，多为匿名交易，价值波动大，如果使用规模持续扩大，私人数字货币引发的风险将对金融系统的稳定产生威胁。三是私人数字货币给洗钱、诈骗等违法行为以及规避资本管控带来了便利。另外，一些私人数字货币的发行也造成了严重的资源浪费。比如比特币的发行采用 POW（基于工作量证明）机制，"矿工"为获得比特币要对毫无实际意义但又极其复杂的数学问题进行求解，而这个过程需要消耗大量的电能，在最不乐观的情况下，比特币网络的耗电量将达到丹麦整个国家的用电总量。面对风起云涌的私人数字货币的挑战，诸多国家央行公开宣布将发行法定的数字货币。比如厄瓜多尔中央银行在 2014 年发行了厄瓜多尔币；英国央行在 2016 年对其推出的数字货币 RSCoin 进行了公开测试。央行发行法定的数字货币有国家信用作支撑，其供应量由央行根据经济发展进行动态调控，以保证经济增长和币值稳定，这就是为什么私人数字货币不能成为真正货币最根本的原因。央行发行数字货币由国家统筹规划，采用统一的系统标准和协议，为数字时代下的金融基础设施建设提供参照和指明方向，消除了各系统之间交换繁复及互不兼容的问题。而且央行数字货币采用新的支付体系和模式，支持"点对点"支付结算，货币交易中间环节减少，货币的流通网络极大地扁平化，金融资产的相互转换速度加快，交易效率明显提升，从而提高不同金融市场参与者的资金流动性，这将降低整个金融体系的利率水平，平滑利率期限结构，顺畅货币政策传导机制。更值得期待的是，央行数字货币采用透明记账和可控匿名交易，最终可以形成一个缜密而透明的大数据系统，央行可以利用信息优势对金融体系中的风险进行全面的监测评估，最终构建稳健高效的新金融体系。

四、我国央行发行数字货币的路径

2016 年 1 月 20 日，中国人民银行在北京召开数字货币研讨会，通过官方发文明确央行发行数字货币的战略目标，争取早日推出数字货币。我国央行数字货币研发正式启动，各项工作也在有条不紊地推进，相关的阶段性研究成果陆续公开发表，我国央行数字货币的发行路径日渐清晰。

（一）我国央行数字货币发行流通模式

我国央行数字货币的唯一发行主体是中国人民银行，货币层次为 M_0，具备现有传统人民币全部货币职能，也具有主权性、法偿性和强制性。在中短期内，我国央行数字货币与传统人民币采取同步发行的方式，数字货币与传统人民币可以相互兑换，在相当长的时间内都会是并肩而行、逐步替代的关系。我国央行数字货币的发行流通模式有两种：一是企业、个人在中国人民银行开设账户，中国人民银行直接面向公众发行央行数字货币，提供全社会的央行数字货币的发行、流通和维护服务。二是采用现行人民币发行模式，即"央行—商业银行"二元体系模式，由中国人民银行将数字货币发行至商业银行业务库，再由商业银行直接面向社会公众提供数字货币的存取流通服务，与中国人民银行一起维护数字货币的正常运行。中国人民银行数字货币研究项目组多项研究成果表明"央行—商业银行"二元体系模式更适合央行数字货币的发行。

（二）我国央行数字货币系统架构

根据中国人民银行数字货币研究项目组的研究成果，我国央行数字货币体系分数字货币核心云系统与移动终端应用系统两个层级，如图 2-1 所示。法定数字货币体系的核心要素主要有三个，即"一币两库三中心"。[①] 基于云计算的可信服务管理模块提供基于安全模块的各类应用的发行、管理及接口服务。数字货币发行库是中国人民银行在数字货币私有云上发行基金的数据库；数字货币商业银行库则是商业银行存放数字货币的数据库，可以部署在本地，也可以部署在央行数字货币私有云上。认证中心是系统安全的基础组件，也是可控匿名设计的核心环节，对数字货币机构及用户身份信息进行集中管理。登记中心是数字货币发行、流通、回收和核销的核心组件，记录数字货币

---

① 姚前，汤莹玮.关于央行法定数字货币的若干思考[J].金融研究 2017(7)：78-85.

所有者身份,登记央行数字货币产生、流通、清点核对及消亡全过程。大数据中心是保障数字货币交易安全、防范数字货币非法交易、提高货币政策有效性的监控模块。移动终端应用系统包括两个"端"和一个"芯"。移动终端是个人或企业用户使用数字货币的移动设备,集成数字货币的钱包客户端软件和安全芯片模块,可以与支付平台或其他移动终端通信与交易。数字货币客户端是个人或企业用户使用数字货币的前端交互式软件,安全芯片是保障用户线上或线下交易安全的集成软件的物理芯片。①

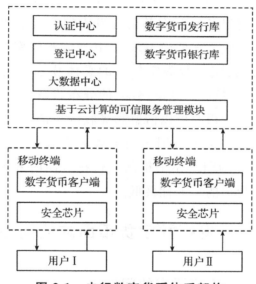

图 2-1　央行数字货币体系架构

(三)我国央行数字货币的底层技术选择

数字货币是科技发展与金融创新深度结合的产物,科技对数字货币的安全稳健运行和流通有着至关重要的支撑作用。以比特币为代表的私人数字货币以区块链技术为底层技术,通过非对称加密、分布式记账、公私钥签名验证、基于记账能力竞争的方法成功地保证了货

---

①姚前.中国法定数字货币原型构想[J].中国金融,2016(17):12-14.

币体系的安全自运维。比特币的成功证明了区域链技术的良好应用前景，各大金融机构开始基于区域链技术积极开展金融业务的创新，区块链技术成为各国央行发行数字货币的首选底层技术，比如英国央行推出的 RSCoin 和厄瓜多尔央行发行的厄瓜多尔币都是采用区域链作为底层技术。

对中国人民银行发行数字货币是否采用区块链为底层技术成为各方关注的焦点。2016 年 2 月，中国人民银行行长周小川公开表示区块链是一项可选的技术，但占用资源还是太多，不管是计算资源还是存储资源，应对不了现在的交易规模。同年 9 月，中国人民银行数字货币研究所筹备组组长姚前在其公开发表的论文中明确指出区块链作为成熟的企业级应用案例尚不多见，其速度和效率都无法应对大规模的交易，并提出我国央行数字货币的总体技术架构为基于账户的"私有云＋高性能数据库＋移动终端"的分布式系统架构，同时强调在设计我国央行数字货币时可以借鉴和吸收区块链技术。比如，建立集中相对均衡的簿记登记中心用于登记数字货币的产生、流通、清点核对及消亡全过程。① 所以，本书推断央行在短期内采用区块链作为底层技术推出数字货币的可能性极低。

五、我国央行发行数字货币面临的问题

（一）法律法规不相适应的问题

法律法规需要面对过去，创新则多着眼于未来。我国现行的与法定货币相适配的法律法规都是以实物货币为标的进行制定与实施的，但数字货币无形无体，完全依赖于网络，与实物货币在发行、流通和存储等方面有着本质的不同，所以现行的与法定货币相关的法律法规不能完全适用数字货币的运行和管理要求，有些法律法规甚至与数字货币的运行和管理存在诸多矛盾与冲突。主要问题有三：一是数字货币

① 姚前.中国法定数字货币原型构想[J].中国金融，2016(17)：13-15.

的法律主体地位不明确。《中华人民共和国中国人民银行法》(以下简称《中国人民银行法》)第八条规定:"人民币由中国人民银行统一印制、发行,中国人民银行发行新版人民币,应当将发行时间、面额、图案、式样、规格予以公告。"《中华人民共和国人民币管理条例》(以下简称《人民币管理条例》)第二条规定:"本条例所称人民币,是指中国人民银行依法发行的货币,包括纸币和硬币。"对"无形"的数字货币而言,既无"印制"的可能,也没有"纸币和硬币"的实物载体,故上述规定并未将数字货币纳入管理范畴。① 二是数字货币的法偿性实施问题。《中国人民银行法》第十六条和《人民币管理条例》第三条都明确规定,任何债权人在任何时候都不得以任何理由拒收人民币偿付债务,从而明确了人民币的法偿性。另外,即使通过立法来确定我国央行数字货币的法偿性,由于数字货币的流通必须基于终端设备,收款人可能没有接收数字货币的终端设备或根本就不具备使用数字货币的基本技能。在这一情况下,我国央行数字货币的法偿权威性难以得到保障。三是反假币问题。《中国人民银行法》和《人民币管理条例》等法律法规适用于通过仿照印刷等技术制造假币等违法行为,规定经营存取款业务的金融机构一旦发现假币,必须当面收缴伪造人民币并加盖"假币"的戳记。显然,伪造实物人民币的技术无法伪造数字货币,传统反假币法定流程也无法适用于数字货币。

(二)流通环境建设问题

央行发行数字货币是意义重大的国家工程,也是流程浩繁的社会工程。中国地广人多,经济体量大,区域经济及公众素养差异明显,换一版人民币都需要十年左右的时间,需要终端设备支持和存在一定技能门槛的数字货币在流通环境建设上显然面临诸多困难。一是传统金融机构成本增加。我国央行采用"央行—商业银行"二元体系模式,商业银行所有网点都需要对软件和硬件进行升级,成立专门的部门或

---

① 刘向民. 央行发行数字货币的法律问题[J]. 中国金融,2016(17):17-19.

配备专门的人才来做好面向社会公众提供数字货币存取服务的工作,同时,还要继续做好实物人民币的存取服务工作。可以预见,在央行推出数字货币后,如果没有配套政策支持,传统金融机构的经营成本将大幅上升。二是终端环境建设难。根据央行数字货币的运行设想,社会公众使用数字货币的载体为移动终端设备。在终端设备的选择上,智能手机是数字货币移动终端设备的最佳选择之一。根据 CNN-IC 发布的数据,截至 2016 年 6 月,我国手机网民的数量已经达到 6.5 亿。虽然我国手机网民人数已接近半数人口,但毕竟还有一半人口要么没手机,要么有手机但不会上网。所以要达到大多数社会公众拥有并会熟练使用数字货币移动终端的目标任重道远。另外,对于数字货币的使用者,特别是企业或商家,也需要配置相应的软硬件设备并相应接受培训,如果企业或商家没有接受数字货币"边际成本趋零,边际效益增加"的预期,则会消极对待数字货币的接收终端搭建。三是应用场景配套建设难。数字货币应用场景搭建是一项繁重的任务。如果数字货币推出后缺乏各种应用场景,社会公众就无法使用数字货币进行交易,这将极大地影响数字货币的推广,社会公众完全有可能将持有的数字货币兑换成实物人民币,选择支付宝等第三方支付工具或银行卡来使用传统货币。最终,大量的数字货币又返回商业银行的数字货币银行库,与央行推广数字货币应用的预期目标背道而驰。

(三)金融体系的影响问题

未来的央行数字货币不但是货币,而且还是天然的央行账户货币,既具有传统货币的职能,又具有超越传统货币的职能,将对现有的金融体系带来诸多冲击。一是增加央行的潜在对手方。实物人民币的发行采用"央行—商业银行"二元体系模式,央行的对手方是商业银行,并不涉及社会公众。商业银行对社会公众的存款安全负责,社会公众从商业银行提取实物货币后,即持有实物现金,游离于金融体系之外的货币与商业银行和央行无责任关系。未来数字货币发行也采用二元体系模式,央行也不会为社会公众开设账户,社会公众仍然从商业银行提取数字货币,即持有数字现金,社会公众持有的数字现金存放在数字钱包中,虽然数字现金已游离于商业银行之外,但无法游离于央行之外,因为央行发行的所有数字货币都在央行的私有云服务器上,无论其形式是 M_0,还是 M_1,所以数字货币的具有天然的央行账户性。另外,由于多数社会公众不具备防范数字现金被动风险的能力,比如失窃、非法篡改、无故灭失等,所以央行还必须为数字现金的被动风险损失负责,其根本原因还是数字现金天然的央行账户性。所以,持有数字现金的公众都是央行的潜在对手方。二是改变央行和商业银行的关系。在当前的货币制度下,央行作为政府的银行、发行的银行和银行的银行,与商业银行主要是政企关系和指导协调、监督检查的关系,并不存在竞争关系。但是数字现金具有天然的央行账户性,央行与商业银行增加了一个竞争关系。在经济大幅波动、零利率或负利率时期,社会公众完全有可能将在商业银行的存款提取出来换成数字现金以规避风险。那么商业银行的现金漏损将大幅提高,金融脱媒加快,货币乘数降低,商业银行信用货币创造能力减弱,导致社会整体流动性降低。所以,在央行数字货币计息且为正值的情况下,公众虽然有将现金替换成央行数字货币的动力,但也可能引起央行数字货币对银行存款的替代,影响商业银行的信贷能力;在央行数字货币计息且为负值的情况下,公众不会用央行数字货币替代银行存款,但同时也消除了将现金替换成央行数字货币的动力。① 三是冲击现有金融管理制度。央行数字货币将对现有金融管理制度产生一定冲击,如果发生严重的金融危机,持有大量金融资产的社会公众可以很快将诸多金融资产快速转换成数字现金变成央行的"活期存款",将持有数字现金的相关风险和成本转移至央行,从而逃避存款人自己应该承担的风险。

---

① 巴曙松,姚舜达.央行数字货币体系构建对金融系统的影响[J].金融论坛,2021(4):3-10.

（四）技术体系实现问题

作为未来的法定货币，央行数字货币代表着国家信用，必须具备安全存储、安全交易、安全流通的特性（"三安"），这对技术体系提出了极为苛刻的要求，需要解决如下问题。一是从在线的云端服务器到在线/离线的移动终端都要保证"三安"。央行的核心云系统向所有拥有数字货币的社会公众开放，那么黑客利用终端向核心系统发起攻击将变得更加便捷。2016 年 2 月，孟加拉国央行的 SWIFT 系统被黑客攻破，损失了 8100 万美元。同时，技术体系还要解决数字货币线下的"三安"问题，这更是一个全新的挑战。二是交易处理能力的问题。数字货币要想成为主流的交易货币，就必须具备极强的并发处理能力和处理效率。因为，一些特殊时间点的支付规模将异常庞大，比如，2014年、2015 年、2016 年的"双十一"电商购物节，支付宝的峰值处理规模分别为 3.85 万笔/秒、8.59 万笔/秒和 12 万笔/秒。[①] 所以，央行数字货币系统的交易处理能力至少要达到 10 万笔/秒才能有效支撑起未来海量数字货币的交易稳定性。而对于大家非常关注的区块链技术，我国央行明确表示采取观望的态度，这主要是因为公有链、私有链、联盟链等结构的处理速度都无法满足我国在线支付的并发规模。比如比特币区块链的交易频率约为 6.67 次/秒，每次交易需要 6 个区块确认，10 分钟才能产生一个区块，全网确认一次交易需要 1 个小时。三是系统扩展性问题。数字货币首先是在传统银行业和社会公众之间流通，但随着应用场景的不断深化，必将在交易所、结算所、信用中介机构等金融基础设施和社会其他组织之间流通以提高社会整体的金融运行效率。另外，数字货币的国际化流通，也涉及与其他法定的数字货币进行兑换，这都需要我国央行数字核心系统具有极强的扩展性，以高弹性扩展构架来对接未来的应用要求。

---

① 2016 年双十一成交额数据 支付峰值达到 12 万[EB/OL].（2017-11-11）[2020-12-10]. https://www.sohu.com/a/118722644_385107.

六、我国央行发行数字货币面临问题的应对策略

(一)尽快制定《中华人民共和国数字货币法》

数字货币要顺利发行和流通,首先须解决其与现行法律法规的矛盾与冲突问题。数字货币发行和流通的法律问题不仅涉及前文讨论过的《中国人民银行法》《人民币管理条例》《存款保险条例》,而且涉及其他法律法规,比如《中华人民共和国物权法》《中国人民银行假币收缴、监管管理办法》等,层级复杂,点多面广。解决数字货币发行和流通的法律问题有三种基本方式。一是对涉及数字货币发行和流通的法律法规逐一进行修订,比如《中国人民银行法》《人民币管理条例》《反洗钱法》和《物权法》等。这种方式虽然全面严谨,但程序繁多、过程漫长。二是全国人大出台发行《数字货币特别决定》,并对数字货币发行和流通中的相关问题做出规定。这种方式的优点是立法层级高、周期短,但受篇幅限制,不能详细规定数字货币应用中的具体问题。三是制定出台《中华人民共和国数字货币法》。这种方式能解决数字货币应用中所有相关法律问题,且法律位阶高,能为数字货币的发行与流通提供最完善的法律保障,但是立法过程复杂,周期较长。综合来看,本书建议采用第三种方式,因为数字货币作为未来我国金融体系中最基础的要素,是未来我国经济实现稳健发展的核心抓手之一,需要专门的法律对数字货币的发行和流通进行保驾护航。同时,数字货币是货币史上的全面创新,在应用过程中必然会出现各种全新的问题,也需要对相关法律不断做出调整与修改,而制定专门的《数字货币法》的成本是最低的。

(二)充分做好信息系统架构的顶层设计

信息系统架构是数字货币顺利运行的稳固基石和核心支柱,在做信息系统架构的顶层设计时,要充分考虑数字货币应用的安全性、稳健性和扩展性。系统的安全建设是重中之重,因信息技术风险和漏洞引发的数字货币安全问题,轻则引起财产损失,损伤我国央行的公信力,重

则引发金融恐慌,甚至触发系统性的金融风险。因此,系统在具体的可信通信技术、基础安全技术、数据安全技术、交易安全技术、终端认证技术上必须有高度的可靠保障。在稳健性方面,信息系统必须考虑到数字货币的海量交易规模,设计强大的实时吞吐能力和并发处理能力,以确保数字货币稳健流通。央行数字货币研究团队提出的基于账户的"私有云+高性能数据库+移动终端"的分布式信息系统架构方案是符合现实的一种选择,但在制定具体的实施方案时,可以借鉴经历过高强度实际考验的成熟的企业应用方案,比如,支撑支付宝稳健运营的金融云、Oceanbase 与分布式架构,努力将试错迭代的成本降到最低。在扩展性方面,系统要做到良好的兼容扩展性,因为数字货币在央行、商业银行、企业及个人之间的应用只是开始,将来还要在各金融机构、金融基础设施、社会各部门及国际金融机构之间流通。所以,系统扩展性既要考虑到当前金融机构的信息系统,也要考虑到未来兼容区域链的应用系统。

(三)非银机构和个人数字钱包与商业银行进行挂钩

央行发行数字货币,在央行与商业银行间传统的政企关系和指导协调、监督检查关系的基础上增加了一层不对等的社会存款竞争关系。竞争关系产生的根本原因是数字货币天然的央行账户性。社会存款从商业银行转移到央行会导致整个银行体系收窄,成为"狭义银行"。"狭义银行"的本质是银行的资产与负债具有一样的流动性,不需要存款保险。建立"狭义银行"制度的呼声在美国大萧条、金融危机等金融大动荡时期尤其响亮。但"狭义银行"带来的结果是商业银行丧失信用创造能力,导致流动性巨幅收缩,对金融体系产生难以估量的负面影响,这与政府宏观审慎的金融政策背道而驰,所以没有任何政府采用"狭义银行"制度。但是央行数字货币的发行就催生了央行与商业银行间的竞争关系并产生了"狭义银行"的隐患。解决隐患的关键是消除存款竞争关系。央行可以将非银金融机构和个人数字钱包中的数字货币与商业银行进行挂钩,屏蔽数字货币的央行账户性,即数字钱包中的数字现金在任何时候都属于一家商业银行的零息存款。这既能维持央行与商业银行的现有关系,又不影响商业银行的流动性创造,还消除了商业银行对推广数字货币的顾虑。①

(四)成立数字货币与金融体系的监测分析部门

从央行数字货币发行之日起,中国的货币体系就将从一元货币体系向二元货币体系转轨。数字货币超越实物货币体系的诸多新特性,从逻辑上分析有可能对金融体系造成负面冲击,所以央行应当成立专门的监测分析部门,密切关注数字货币对金融体系的冲击性影响。监测分析关注的重点应放在数字货币对我国货币结构、货币需求供给、货币乘数、货币流通速度、商业银行的现金漏损及信用货币创造、与传统货币的关联及金融基础设施的运行效率等方面的冲击上。监测分析的具体策略应基于数字货币依靠互联网运行的特点,充分利用大数据监测新工具,通过大数据自动分析、实时分析和交互分析对上述重点关注的相关指标进行准确、深入的考察,为数字货币与金融体系的稳定性分析及干预措施选择提供强大的数据支持,将数字货币对金融体系的负面冲击降到最低。

(五)采用多措并举的方式循序渐进推广数字货币

中国地广人多,在全国范围内推广需要具备一定技术门槛才能使用的数字货币相当费时耗力,所以要采取多措并举的方式循序渐进地推广数字货币应用。一是建立强有力的组织和制度保障。建议成立由中国人民银行牵头的多部门联合的数字货币推广领导小组,确定规划,明确分工,统筹协调,并制定相关制度以保障数字货币的推广工作有条不紊地开展。二是充分利用各种政策支持。建议制定专门的财政政策支持数字货币发行和流通涉及的各方面工作,比如,系统研发、硬件生产、应用场景搭建、宣传培训等;制定行政政策,要求政府部门和事业单位在涉及资金往来时首选数字货币或开设数字货币服务通道;

---

① 邱勋.中国央行发行数字货币:路径、问题及其应对策略[J].西南金融,2017(3):14-20.

制定税收政策,减免企业或个人因合法使用数字货币进行业务往来的税收,或给予一定优惠。三是数字货币可以采用"公测—试点—扩大试点—全国应用"四个步骤来推广数字货币:公测阶段,向全社会进行数字货币的应用测试,测试系统的安全性和稳健性;试点阶段,可以从数字货币应用的业务种类、区域范围或参与对象等维度出发进行稳步扩大,密切观测应用效果,逐步积累经验,不断地迭代改进和完善,最后实现全民皆能应用的目标。四是高度重视宣传与培训工作。在数字货币应用推广过程中,做好数字货币的宣传和培训工作,以社会公众喜闻乐见的形式介绍数字货币的优点、使用条件、操作步骤和风险防范技能。特别是社会基层中的低教育程度、低收入或残疾群众,要通过定点、定期和定制化的培训来帮助他们掌握数字货币的使用技能。

七、我国央行发行和推动数字货币流通的政策建议

数字货币是货币随着人类生产力和经济水平的发展不断创新和演进的结果,是一般等价物、一般等价物的代币、信用货币三种货币形态之后的"互联网＋"时代下的货币新形态。中央银行发行法定数字货币并不是对实物货币进行简单的取代,而是历史的必然选择。央行数字货币在节约货币发行流通成本、提高央行货币政策的精确性和有效性、加快向无现金社会过渡和构建稳健高效的新金融体系等方面具有积极作用。中国央行数字货币研发工作正在有条不紊地推进,数字货币的发行流通模式、系统架构、底层技术选择等研究成果陆续公开发表。然而,基于理论和逻辑推演,中国央行数字货币的发行和流通还存在与法律法规不相适应、流通环境建设迟缓、传统金融体系影响大和技术体系实现难等问题,将制约中国央行数字货币的推广。

针对以上问题,中国政府和央行应积极应对当前存在的障碍和困难,从以下五个方面入手,争取早日推出数字货币,形成数字货币应用的先发优势。一是尽快制定《中华人民共和国数字货币法》,为数字货币的发行与流通提供最完善的法律保障。二是充分做好信息系统架构的顶层设计,确保数字货币应用的安全性、稳健性和扩展性。三是

非银机构和个人数字钱包与商业银行进行挂钩，防止央行与商业银行形成竞争关系。四是成立数字货币与金融体系的监测分析部门，将数字货币对金融体系的负面冲击降到最低。五是采用多措并举的方式循序渐进地推广数字货币，争取早日实现全民应用。

第二节　虚拟货币的本质、价值和未来发展

一、虚拟货币的发展概况

互联网凭借自由、开放、无界、便捷和低边际成本的优势，以不可思议的速度对社会的方方面面进行着数字化的融合和改造，人类的经济活动也进入网络驱动时代并产生基于网络空间的新经济模式——网络经济。由于传统的金融服务无法满足网络经济即时化、个性化、多元化的支付结算要求，现实世界与网络世界交汇的虚拟货币应运而生，并随网络经济的扩张不断地发展壮大。2009 年之前，虚拟货币主要限定在特定的虚拟生态环境中流通，且只能单向兑换，即不能兑换回法定货币的虚拟代币，比如腾讯 Q 币以及其他的游戏币等。这个时期的虚拟货币主要充当购买虚拟商品的代币，对金融体系的影响相当有限。2009 年，一种由计算机算法发行并基于网络流通的虚拟货币——比特币横空出世。比特币本质上是一种基于区块链技术（本质就是分布式数据库）的加密字符串，类似于采用去中心化和互相验证的公开透明的记账系统。由于比特币通过由 P2P 网络中众多节点构成的分布数据库来确认并记录所有的交易行为，并使用密码学的设计来确保货币流通各个环节的安全性，这使得比特币作为一种虚拟货币具有去中心化、有限供给、易于估计流通速度、便于控制通货膨胀等优

点。① 历经多年的市场考验,比特币已形成一个在全球拥有数百万用户,市值超千亿美元的庞大的私人数字货币系统。日本和德国已立法承认比特币是合法支付手段。正当比特币发展得如火如荼之际,基于以太坊技术的虚拟货币以太币在 2016 年后受到热烈追捧。以太坊是一款能够在区块链上实现智能合约、开源的底层系统,又被称为区块链 2.0。以太坊可以提供编程脚本功能来制定智能合约,因而在此之上可以实现包括数字货币等在内的更为复杂的去中心化应用,比如资产交易、合同管理、信用认证等。以太坊不仅打造了一个新一代区块链智能应用平台,而且让虚拟货币可以应用智能场景,进一步加强人们对虚拟货币的认知和认可。虚拟货币交易所遍布世界各地,比特币、以太币等虚拟货币可以全天候与美元或其他法定信用货币即时双向兑换。2009—2017 年,数字货币发展迅猛,种类与规模快速膨胀,一些国家和地区出现了利用私人数字货币开展非法融资的现象,给主权货币运行与金融监管带来了新的挑战。② 因此,从广义来看,虚拟货币就是可以通过网络进行价值交换的私人数字货币;从狭义来看,虚拟货币就是以比特币、以太币等为代表的基于区块链技术发行和运行的加密私人数字货币。本书讨论的虚拟货币都是狭义视角下的虚拟货币。

二、虚拟货币的价值争论

因创新性地应用了区块链技术,虚拟货币对人们的渗透力、影响力和感召力不断扩大。全球接受虚拟货币的用户越来越多,以比特币、以太币和莱特币为代表的虚拟货币兑主要法定货币的价格不断走高,涨幅惊人。以比特币为例,2010 年 5 月,比特币发生了第一笔公认的与现实世界的交易,当时 1 个比特币的价格是 0.0025 美元。到了 2017 年 10 月,1 个比特币的价格已涨至 6000 美元,上涨了 240 万倍,

①邓伟.比特币价格泡沫:证据、原因与启示[J].上海财经大学学报,2017(2):50-62.
②李建军,朱烨辰.数字货币理论与实践研究进展[J].经济学动态,2017(10):115-127.

仅在 2017 这一年，比特币的价格就上涨了 6 倍（见图 2-2）。虚拟货币价格的不断走高引发了人们对虚拟货币价值的激烈争论。第一种观点是以美国联邦储备委员会前主席格林斯潘（Alan Greenspan）和股神沃伦·巴菲特（Warren Buffett）为代表的数字泡沫论。格林斯潘在2013 年 12 月表示"虚拟货币并不是货币，这是一个泡沫"①。泡沫论强调虚拟货币只是一串毫无价值支撑或信用支撑的加密代码串，根本没有价值"锚"，也没有"固有价值"，无法贮存财富，这是比特币汇率频繁动荡的根本原因，进行虚拟货币交易纯粹就是一种投机行为。虚拟货币就是数字郁金香，是有史以来最大的庞氏骗局，最终必将轰然崩塌。第二种观点是以美联储主席杰罗姆·鲍威尔（Jerome Powell）和 PayPal联合创始人彼得·蒂尔（Perter Thiel）为代表的数字黄金论。鲍威尔称："它们更多的是用于投机的资产，所以它们不是特别被用作支付手段，它更像是一种投机资产。它本质上是黄金而非美元的替代品。"②数字黄金论坚信比特币和黄金一样是避险资产和贮值工具，因为其在总量上与黄金类似具有上限，在发行上与黄金一样采用去中心化发行，在流通上与黄金一样匿名交易。可以说，比特币是纷乱的全球政治格局和不惜一切代价维持现状的各国央行政策催生的结果。第三种观点是以国际货币基金组织总裁克里斯蒂娜·拉加德（Christine Lagard）和摩根士丹

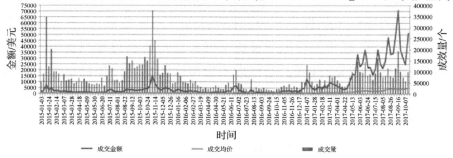

图 2-2　2015—2017 年比特币的交易情况

数据来源：Bitstamp 和 Wind。

---

① 李翀.比特币会成为货币吗？[J].当代经济研究，2015(4)：60-65.

② 王陈慧子，杨东.从比特币定性看数字货币的价值维度[J].学习与探索，2021(6)：51-59.

利的首席执行官詹姆斯·戈尔曼（Jamts Gorman）为代表的不确定论。不确定论认为虚拟货币是一种非常值得接纳和观察的新事物，不能草率否定其价值，虚拟货币最终能否像纸币一样取代黄金，需要时间来验证。随着流动性的增加，当比特币从其他虚拟货币中脱颖而出时，要成为被广泛接受的交换媒介，它所面临的最大挑战来自各国的法币。[①] 但无论如何，虚拟货币为解决现行中心化模式下的金融行业"痛点"提供了一个积极的解决方案。

三、虚拟货币的本质分析

要讨论虚拟货币是否具有价值，必须理性地辨析虚拟货币的本质，即虚拟货币是货币、商品，还是数字泡沫。

（一）虚拟货币是广义商品

商品是满足人们某种需要的用来交换的劳动产品，价值和使用价值是商品的基本属性。广义的商品可以是有形的产品，也可以是无形的服务。虚拟货币要成为商品，就必须具有价值和使用价值两种属性。首先，价值是指凝结在商品中的无差别的人类劳动。虚拟货币不但不是天然产生的，而且最能体现无差别的人类劳动生产。人们要想获得虚拟货币就必须提供算力（计算机运行相应的算法）参与虚拟货币的正常运维，运维工作做得又快又好的用户将获得虚拟货币。由于虚拟货币的总量是有限的，获得虚拟货币就需要用户提供更强更持久的算力，这就要求用户至少付出更多的电能，因此虚拟货币又被称为"电本位"货币。以比特币为例，用户要获得比特币就必须参与"挖矿"，"挖矿"过程就是用户提供算力去创建交易记录区块并以最快速度完成一个复杂的数学验证问题，"挖矿"需要用户付出矿机成本、维护成本、人工成本、电力成本，特别是电力成本。在比特币发生第一笔

---

①闵敏,柳永明.互联网货币的价值来源与货币职能——以比特币为例[J].学术月刊,2014(12):97-108.

公认的现实交易之前,比特币用户在网站上就是以生产 1 个比特币耗费的电力成本进行报价的,当时每个比特币的价格为 0.0008 美元。比特币的生产,就是用户的计算机在网络虚拟世界辛勤运算凝结的成果,本质上是人类的脑力和体力劳动在网络中虚拟化迁移的结晶,符合劳动价值理论。其次,使用价值是指商品能够满足人们某种需要的属性。虚拟货币在网络世界中可以帮助用户去中心和去信任地完成支付和结算,也可以与现实世界进行交易,通过公开的虚拟货币交易所实现高效低成本的完全匿名的资金转移,具有多种使用价值。因此,虚拟货币是一种毋庸置疑的广义商品。

(二)虚拟货币是全球私人储备货币

虚拟货币能否从广义商品演变成货币,还需要从货币的起源、货币的发行权和货币的职能三种方面进行全面分析。

1. 货币的起源允许虚拟货币成为货币

历史上关于货币的起源主要有三种观点:一是以杜尔阁、罗雪尔为代表的货币商品论,即货币就是有价值的商品;二是以亚里士多德和亚当·斯密为代表的货币金属论,即货币就是金银;三是以凯恩斯为代表的货币名目论,即货币就是用于债务支付和商品交换的符号。当前,第三种观点占据主流,因为现在流通的货币就是信用货币,本质上就是政府当前发行债权的凭证符号。以色列历史学教授尤瓦尔·赫拉利指出:"货币本身毫无价值,它的价值只存于人们的想象之中,是文化赋予了金融价值,让我们信任货币。"[①]所以,货币本质是被特定类群接受的一种人类创造的集体想象,即一种观念共识产物。从这个角度看,只要全球对虚拟货币的价值形成观念共识,虚拟货币就有可能成为货币,而且这种观念共识集体越大,虚拟货币成为货币的可能性就越大。

---

①尤瓦尔·赫拉利. 人类简史:从动物到上帝[M].林俊宏,译.北京:中信出版社,2017:170-197.

2. 货币的职能只允许虚拟货币成为私人储备货币

马克思认为一种商品如果具有价值尺度、流通手段、贮藏手段、支付手段和世界货币五大职能,那它就是货币。① 虚拟货币具有价值性、可替代性、可拆分性、可数性、可识性、耐用性、易运输性、成本保存性、安全性、无法伪造性、隐私性,至少在理论上可以很好地行使价值尺度、流通手段、支付手段和世界货币职能。但由于虚拟货币的价值波动幅度剧烈,造成虚拟货币在短期内难以履行价值贮藏职能,也导致其货币属性遭到严重质疑。但是仅仅因这种缺陷就否定其成为货币的可能性是过于草率的,因为虚拟货币是基于区块链技术的新型私人货币,其价值受数量供给有限、发行成本上升、政府监管变化、区块链应用推进、自身技术升级、用户群体扩大和市场投机炒作泛滥等多方面因素综合影响,作为自身都不稳定的虚拟货币,必然很难在短期内实现市场均衡,即使均衡短暂实现,也是一种偶然现象,这是虚拟货币价格波动剧烈的根本原因。从长期来看,当各国出台相应的监管制度,虚拟货币将得到明确的政策保障,届时用户群体基本稳定,市场投机炒作空间很小,其他问题则可以通过技术来改进和解决,虚拟货币的稳定性将大幅提高。正如拉加德所认为的,"虚拟货币现存的稳定性差、风险高等问题多数是技术方面的问题,假以时日便可解决"。不过,即使虚拟货币的价格波动得到有效控制,达到美元等法定货币的水平,可以履行贮藏职能,也无法成为现代经济货币,因为虚拟货币的发行机制决定了数量的有限恒定,与金银商品货币一样,无法满足和匹配人类不断扩大的价值产出,进而阻碍经济发展,即使实现了价值贮藏功能,却也失去了流通功能。在虚拟货币用户的博弈下,虚拟货币最终会成为一种通缩资产,即私人储备货币。

3. 货币的发行权只允许虚拟货币成为私人货币

历史上关于货币的发行权归属,主要有两种观点:一是以哈耶克为代表的货币非国家化论。哈耶克认为,失业和通货膨胀的根源在于政府对货币发行权的垄断,所以必须打破垄断,由私营银行发行竞争性的

① 马克思. 资本论(第一卷)[M]. 北京:人民出版社,2004:152-170.

货币（即自由货币）来取代国家发行垄断性的货币,非国家化的货币发行制度是理想的货币发行制度。① 二是以弗里德曼(Friedman)为代表的货币法定论。货币法定论强调货币是国家的特殊产物,因为货币只能由权威最大的主体发行,只有这样,货币的信用背书最强,人们选择货币的成本最低。弗里德曼指出:“货币是不能拿来开玩笑的,所以要交给中央银行。”②货币法定论是当前的主流观点,因为现在所有主流主权国家和欧盟都实行法定信用货币。另外从历史上看,18世纪的苏格兰、法国大革命期间的法国、18世纪末的孟加拉国、19世纪前期的美国和民国时期的中国都曾出现过短时期的货币自由竞争,但这种局面持续的时间很短并均以失败告终。这些案例失败的原因包括:私人机构的信用无法比肩国家信用、缺乏有效的机制来约束私人机构发行货币的数量、多种货币的兑换成本很高、私人货币本身的价值波动幅度较大等。所以,货币非国家化论从提出后一直被认为过于乌托邦。但虚拟货币作为一种创新的货币形态,以科学理论为信用支撑,通过共识算法约束发行数量,利用互联网高效低成本地实现货币兑换,很好地解决了信用支撑不够、流通障碍较大等问题,为货币“非国家化”的真正实现提供了一个新方案。但是,任何政府都不可能放弃对货币的垄断发行权,会通过各手段和措施来打压和限制虚拟货币进入商业、金融业和财政体系,这也决定了虚拟货币无法成为主流货币。而且,如果全球政府采用一致的强力监管措施,虚拟货币是没有生存空间的。不过由于各国政府对虚拟货币态度不一,虚拟货币价格就符合经济学中的一价定律,单一政府的高压监管并不会改变虚拟货币的价格波动趋势及应用领域不断扩大的局面。所以,政府垄断货币发行权的不可挑战性决定了虚拟货币无法成为主流货币,但是能成为虚拟货用户之间的私人货币。

四、虚拟货币的未来发展

虚拟货币并不是数字泡沫,更不是幻影,而是一种名副其实的数字

---

① 弗里德里希·冯·哈耶克.货币的非国家化[M].海口:海南出版社,2019:79-82.
② 米尔顿·弗里德曼.货币的祸害:货币史片段[M].北京:商务印书馆,2006:1-3.

商品或是流动性介于利率债券和现金的数字资产。虚拟货币得以实现快速发展主要有两个原因：一是美国大萧条之后世界各国政府奉行凯恩斯主义，通过大举实施扩张性货币政策来干预经济周期，从而导致法定货币的购买力不断下降，引起人们对法定货币价值贮藏职能的担忧，使得他们被动地寻求财富保值和增值的渠道和方式。虚拟货币由于总量有限又具有良好的流动性，自然而然地成为新的财富分配手段。二是以区块链技术为驱动的价值互联网时代即将到来，以区块链技术为支撑的智能互联网应用将成为未来的应用主流，这也需要与区块链技术相适应的金融服务，因此人们对基于区块链技术发行的虚拟货币的价值增长有较为乐观的预期。以上两个原因决定了虚拟货币不但不会消失，反而会有越来越多的用户接受虚拟货币。但是由于政府的强力控制，虚拟货币只能是法定信用货币的补充，只有在政权不稳、经济混乱和恶性通胀的情况下才有可能短暂地取代法定信用货币。在已经到来的人工智能时代，随着区块链技术的不断发展，全球范围内的经济运行上的方方面面的信息都被准确地汇合成大数据，大数据的统计模型能精准量化地预测全球宏观经济的起伏，虚拟货币也就能基于大数据的统计和监测功能以及预定的规则和算法使其发行总量与宏观经济发展相适应，进而打破发行总量上限，使价值的贮藏手段和流通手段实现从对立到统一的转变，真正具备现代货币的职能。当然，法定信用货币包括未来的法定数字货币也能实现这个目标，不过政府天然具有通货膨胀的偏好，给虚拟货币的生存和发展提供了一定的空间。从金属货币到纸币，再从纸币到虚拟货币，是一个使商业交换成为信息运动的过程。未来的货币趋势，取决于互联网时代人们相互依存模式的改变，随着互联网和通信技术的不断变革，货币制度应当对此做出积极的回应。[①] 所以，未来的虚拟货币将会在区块链技术的驱动下继续完善和发展，更多种类的虚拟货币将不断涌现，在真正的市场自由竞争中优胜劣汰，最终形成法定货币主导与多种形式的虚拟货币相互竞争与互补的新货币体系格局。

---

①闵敏，柳永明.互联网货币的价值来源与货币职能——以比特币为例[J].学术月刊，2014(12):97-108.

第三章

数字银行

第三章

燃烧学计算

本章主要研究讨论"我国直销银行发展模式和路径"和"美国纯网络银行发展状况的分析及启示"两个问题。

第一个问题的研究背景是互联网金融的发展和金融改革的不断深化使得我国外部宏观金融环境发生了深刻变化,各大商业银行纷纷将基于互联网服务模式的创新作为自身升级与转型的重要发展战略。北京银行和民生银行宣布开设直销银行,受到整个金融行业的高度关注。本章介绍国内外直销银行的发展状况,探讨直销银行的特征与模式,分析我国直销银行产生的原因,最后从组织形态、竞争战略和风险监管三个角度提出了我国直销银行发展的政策建议。

第二个问题的研究背景是金融危机之后,以 BOFI 为代表的纯网络银行在美国迅猛发展,市场份额迅速扩大,已经成为美国银行体系中的重要新生力量。在我国,以阿里巴巴和腾讯等为代表的电商巨头,背靠海量的客户数据和突出的大数据分析优势,对开设纯网络银行热情高涨。同时,商业银行开展直销银行也获得监管部门的支持,其运营模式与纯网络银行非常接近。为此,本章通过以美国著名纯网络银行 BOFI 为研究案例,梳理 BOFI 发展状况,并通过其与美国传统银行对比,分析 BOFI 的运营特征,进而探讨 BOFI 对我国如何发展纯网络银行的几点启示。

第一节　我国直销银行发展的对策思考

一、我国直销银行的兴起

2013 年 9 月,中国民生银行与阿里巴巴集团、北京银行与 ING Direct 分别签署战略合作协议,正式在国内开展直销银行业务。直销银行因此成为中国互联网金融浪潮下又一个广受关注的新课题。[①] 随后,民生银行也宣布即将上线直销银行服务,其他中小商业银行,如浦发银行、中信银行,也在紧锣密鼓地推出类似直销银行的互联网金融服务,引起了整个金融行业乃至全社会的高度关注。在此背景下,研究直销银行在我国的发展具有重要的理论和现实意义。

二、国内外直销银行的发展

(一) 国外直销银行的发展

直销银行起源于欧洲,世界上第一家真正的直销银行是 1989 年诞生于英国的第一直销银行(First Direct),是米德兰银行(Midland Bank)的一个子公司,1992 年被汇丰银行收购并成为其全资子公司。First Direct 完全不设物理分支机构,早期通过呼叫中心 24 小时为客户提供服务,从 1997 年开始通过互联网渠道提供服务。2014 年为全世界 116 万客户提供了直销金融产品和服务。荷兰国际集团公司的 ING Direct 也是欧洲著名的直销银行。ING Direct 几乎不设实体分支机构,客户通过电话、互联网或移动设备管理账户。2014 年,ING

---

①巴曙松,吉猛. 从互联网金融模式看直销银行发展[J]. 中国外汇,2014(2)：43-47.

Direct 在澳大利亚、奥地利、法国、德国、意大利和西班牙等国家为近千万客户提供存、贷、汇和投资指导等金融产品服务。受欧债危机的影响，ING Direct 已将位于美国和加拿大的直销银行分支抛售。欧洲最早的纯互联网直销银行是成立于 1999 年互联网泡沫急速膨胀期的爱尔兰银行的 First-e，由于其具有较高的创新性，受到欧洲风投机构极大的关注和效仿。First-e 成立两年后的客户数就超过了 8 万，后来受到互联网泡沫破裂的冲击，First-e 资金链断裂，被德国的 Direkt Anlage Bank 收购。

美国的直销银行晚于欧洲，其中第一个真正的直销银行是成立于 1995 年 10 月 18 日的安全第一网络银行（Security First Network Bank），这是全球首家网络银行，自成立以来，这种新银行模式迅速发展。① SFNB 结束了美国不受联邦存款保险公司（Federal Deposit Insurance Corporation，FDIC）保护的电子代币线上银行时代，开创了受 FDIC 保护的与线下银行相互流通的电子货币网络银行时代，为用户提供在线直接登录、查看电子账单、存款、电子货币和电子支票支付等等非常普通的网络银行服务。1996 年，SFNB 的用户数突破 1100 万，但在 1998 年，因亏损巨大被加拿大皇家银行（Royal Bank of Canada，RBC）收购，更名为 RBC Centura。虽然，SFNB 存活的时间很短，但是其存在证明了一种理想的实现，即银行可以通过互联网，无物理网点、低成本地为不同的客户提供不同的金融服务。美国著名的直销银行还有 Capital One 360（原来是 ING Direct 在美国的直销银行分支）和 Ally Bank 等等，主要通过互联网和移动终端为客户提供银行、投资和退休计划资金管理等金融服务。

亚洲第一个直销银行是隶属于新加坡华侨银行（Oversea-Chinese Banking Corporation Limited，OCBC）的 FintiQ。FinitQ 在 2000 年开始营业，11 年后，发展成为亚洲最著名的直销银行。2011 年，母公司 OCBC 制定了多渠道（包括支行、ATMs、网上银行、移动银行等）协调

---

①费晨曦，窦郁宏.互联网金融的典范：ING Direct［J］.银行家，2013(8)：94-97.

服务的互联网银行发展战略,因此不再需要一个独立的直销银行,最终关闭了 FinitQ。

(二)我国直销银行的发展

2013 年 9 月 18 日,北京银行与境外战略合作伙伴荷兰 ING 集团联袂推出直销银行业务,标志着国内第一家直销银行破土萌芽,开启了国内直销银行的新时代。随后,民生银行与阿里巴巴开展战略合作,宣布在淘宝开设直销银行网店,直销银行电子账户系统将与支付宝账户系统互通;浦发银行与腾讯公司开展战略合作,直销银行已见雏形。国内商业银行相继以与互联网企业形成非竞争异业联盟的方式开展直销银行业务,抢夺互联网金融市场。

三、直销银行的特征与模式

(一)直销银行的特征

1. 由金融集团控股

直销银行的运营模式虽与传统银行不同,但经营货币的本质没有改变,没有雄厚的资本支撑,是难以长期应对金融市场上各种起伏不定的风险的。经过几十年的发展,早期非金融集团成立的直销银行都被收购或兼并,世界上著名的直销银行都由较大的金融集团控股。表 3-1 为世界著名直销银行(按名称首字母排序)的隶属情况。

表 3-1　世界著名直销银行的隶属情况

直销银行	隶属金融集团	2012 年隶属金融集团总资产规模
Ally Bank	Ally Financial Inc (美国联合汽车金融公司)	1820 亿美元
CapitalOne 360	Capital One Financial Corportation (美国第一资本金融公司)	2866 亿美元

直销银行	隶属金融集团	2012年隶属金融集团总资产规模
First Direct	HSBC Holdings plc（英国汇丰银行）	26920亿美元
ING Direct	ING Group（荷兰国际集团）	11690亿欧元
Rabo Direct	Rabo Bank（荷兰拉博银行）	7524亿欧元
Ubank	National Australia Bank（澳大利亚国民银行）	7540亿澳元
Zuno Bank	Raiffeisen International Bank（奥地利瑞福森国际银行）	1459亿欧元

数据来源:各金融集团2012年年报。

2. 是一种学习型组织

直销银行充分依托互联网开展业务,在组织结构上不设或仅设少量实体分支网点,组织团队人员较少,组织结构趋于扁平。近几年,国外直销银行数量不断增加,竞争愈显激烈,直销银行的服务方式和种类不断多元化和个性化。剧烈变化的外部环境要求直销银行团队横向有效地沟通想法和共享知识,敏捷响应市场及客户的需求变化,通过不断创新来满足客户的各种需求,因此直销银行具有学习型组织的典型特征。比如First Direct一直采用开放式的办公环境,平均每个员工管理388名客户,在业务品种和服务方式上不断推陈出新,从单纯的电话银行发展成以电话银行、网络银行和移动银行为主要运营渠道的"立体式"直销银行。在产品组合上,从简单的储蓄账户、按揭贷款和支付服务,扩展到股票、基金、保险、养老金账户和企业储蓄账户等跨领域的金融服务。

3. 低成本运营及差异化的市场定位

直销银行凭借网络直销产品,节省了物理网点的建设投入和支付给员工的薪水开支,大幅削减的运营成本按比例回馈到产品中,客户始终能获得优惠的产品。因为销售渠道的特殊性,直销银行将目标客户定位于能熟练操作互联网,对资本匹配收益较为敏感,追求高效的中等收入群体。早期的直销银行主要为个人客户提供以存、贷、汇为主的金融服务,产品种类比较单一。随着信息技术的发展,特别是数据分析和挖掘技术的应用,大大降低了直销银行为客户提供个性化服务的成本,近几年针对客户个性化需求的证券、保险、基金等金融服务明显增加。直销银行低成本运营及差异化的市场定位,开辟了一条与实体银行相互补充的发展道路。以 ING Direct 为例,1997 年,ING Direct 在加拿大成立首个分支,将目标客户定位为 30—50 岁受过良好教育的上班族,已经接受或通过电话、网络理财,收入水平高于市场平均水平,乐于自助理财的人群。在产品方面,ING Direct 的客户在存款上能获得比其他银行更高的利息,在贷款上获得比其他银行更低的利息,而且服务过程简单高效。① 加拿大的 ING Direct 第一年便战绩斐然,一举拿下了 8 万名客户。随着渠道的扩展、科技的创新和产品的丰富,到 2011 年,加拿大 ING Direct 的员工只有 900 人,但客户数量达到 170 万人,管理资产达到 376 亿美元。

4. 采用整合营销战略

直销银行采用整合营销战略,将各种营销工具和手段系统化结合并形成一个整体,以产生协同效应。在营销方法上,重点采用直复营销、病毒营销、客户参与营销和情感营销。在营销渠道上,将电子邮件、电话、网站、移动 App 和社交媒体等多种渠道媒介结合起来,不受时空限制地与客户进行互动营销沟通,与客户形成强大的媒体关系。在产品销售模式上,直销银行以线上自助服务为主,操作便捷,业务没有最低金额限制,无账户管理费用,尽可能扩大产品的目标受众。以First Direct 为例,它利用电话和网络进行直复营销,采用现金回报等方式进行病毒式营销。根据 First Direct 官网的数据,其 116 万客户中,超过 25％来自个人的推荐。First Direct 在官网上开设了一个实验室网站和 Twitter 官方财号,客户可以在实验室网站或 Twitter 上

---

① 费晨曦,窦郁宏.互联网金融的典范:ING Direct［J］.银行家,2013(8):94-97.

提出关于银行的任何想法和建议,通过客户参与营销和情感营销来进行产品设计和服务改善,提高客户的参与度、认同感和品牌忠诚度。在账户管理费用上,First Direct 在 2006 年出于绩效及为忠诚客户提供更优惠服务等因素的考虑,开始对账户进行有条件的免费管理,First Direct 也是为数不多的收取账户管理费用的直销银行之一。

(二)直销银行的运营模式

1. 自主线上综合平台模式

自主线上综合平台模式是直销银行不设任何实体分支,利用电话银行、互联网综合营销平台、网上银行、移动银行等多种电子化服务渠道为客户提供金融服务的运营模式。客户可以将其他银行的资金转入自己的直销银行账户,当客户需要支取现金时,可以先将直销银行账户的资金转到其他银行的实体卡上,然后在 ATM 机上取款。汇丰银行的 First Direct、Ally Bank、德国网通银行 NetBank 和已被收购SFNB、First-e 等直销银行都属于这种运营模式。比如,德国的网通银行在 2009 年末仅有员工 33 人,资产总额为 11.71 亿欧元,客户人数13.8 万人,存款余额 11.44 亿欧元。该行拥有银行全部牌照,具备全能银行资格。该行不设立分支网点,银行职员与客户的交流主要是通过银行网页和电子邮件进行。当网络交流方式因为银行的技术原因而无法实现时,客户还可使用免费电话或传真方式与银行进行沟通。[1]

2. 自主线上综合平台＋线下客户自助门店模式

这种模式即指直销银行在管理好自主线上综合平台的同时,建设线下客户自助门店。线下客户自助门店是通过精心选址并采用全新理念打造的线下客户自助渠道。自助门店为客户提供多种智能自助服务终端设备,例如智能银行机(VTM)、自动存取款机(ATM)、自动存取款机(CRS)、自助缴费终端等等。ING Direct 在德国的直销银行

---

① 韩刚.德国"直销银行"发展状况的分析及启示[J].新金融,2010(12):23-16.

ING-Diba 及北京银行直销银行属于该模式。北京银行直销银行线上部分由互联网综合营销平台、网上银行、手机银行、视频对话等多种电子化操作渠道构成；线下则采取便民直销门店的形式，布放智能银行机、自动存取款机、自助缴费终端等自助设备。目前，该行已在北京、西安、济南等地建立了多家直销门店，拟上线一批简单、便捷、优惠的专属金融产品，向直销银行客户提供存取款服务、房地产金融服务等。[1]

3. 自主线上综合平台＋线下精简版分行模式

这种模式即指直销银行在管理好自主线上综合平台的同时，开设线下精简版分行。线下精简版分行一般开设在客户较为密集的大城市，这些分行与客户在线下面对面交流与服务，拉近客户与直销银行的距离，增强客户对直销银行的品牌信任度与忠诚度。ING Direct 在西班牙主要大城市建立了 29 家精简版分行，已覆盖西班牙 83％的人口；CaptialOne 360 在美国八大城市客户较集中的地方开设咖啡馆，咖啡馆的店员也是金融顾问，为客户服务的同时也能提供专业的金融建议。

4. 自主线上综合平台模式＋第三方互联网企业模式

这种模式即指直销银行在管理好自主线上综合平台的同时，通过与第三方互联网企业形成战略同盟的方式，利用战略伙伴在网络流量和数据分析等方面的优势，对客户和产品进行共同开发。民生银行与阿里集团战略合作就属于此模式。民生银行直销银行电子账户系统还与支付宝账户系统互通，利用淘宝和支付宝的网络流量及数据分析优势，快速吸纳客户并为其提供有针对性的直销金融产品。2014 年 2 月 28 日，民生银行直销银行正式上线，主推"如意宝""随心存""轻松汇"这三款以货币基金、一年期定存及汇款转账为特色的产品，涵盖了目前金融账户的基本功能。民生银行直销银行将其目标客户群定位为"忙、潮、精"群体，"忙"指工作繁忙，生活节奏快，无暇到网点办理业

---

① 李杲. 我国直销银行运营模式探索［J］. 新金融，2014(7)：27-30

务的群体；"潮"指深入网络化生活，习惯使用互联网、手机的群体；"精"指对价格较为敏感的群体。①

四、直销银行在我国产生的原因

（一）网民及手机网民的快速增长

直销银行高度依托互联网开展金融服务，从国外直销银行发展进程和经营特点来看，互联网快速普及是直销银行发展的"催化剂"，让直销银行实现了历史性跨越和爆发性增长。近年来，我国无论是网民数还是手机网民数量都保持快速增长，截至 2013 年 6 月，我国网民数达到 5.91 亿人，手机网民数达到 4.64 亿人，如图 3-1 如示。我国庞大的网民和手机网民数量为直销银行提供了良好的发展环境。

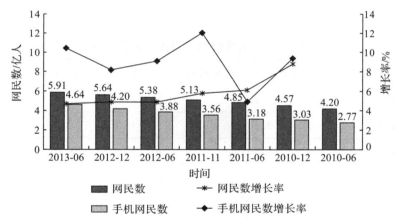

图 3-1　2010—2013 年我国网民数、手机网民数及其增长率
数据来源：中国互联网络信息中心。

（二）商业银行的电子银行服务能力不断提高

随着互联网的迅猛发展，自 20 世纪 90 年代末至今，各大商业银

①林玲.金融创新视角下我国直销银行发展的思考[J].新金融,2014(12):107-109.

行顺应市场发展的潮流,依托先进的计算机技术和通信技术积极开展电话银行、网上银行、手机银行为主的电子银行服务,加快经营转型,增强市场竞争力。经过多年的发展,商业银行电子银行受到客户的极大认可,我国网上银行的用户数和手机银行用户数保持高速增长。根据中国金融认证中心《2012年网银调查报告》的统计,我国网银用户数在居民比例中达到30.7%,手机银行用户达到8.9%。在2013年大部分上市银行的中期年度报表中,电子银行(包括电话银行、网上银行和手机银行等)对柜面交易的替代率超过70%,详见表3-2。这说明电子银行业务已成为商业银行的战略性业务,渠道转型和创新前所未有地成了所有银行在制定业务发展战略时考虑的首要问题。① 绝大多数商业银行都已搭建起自己的互联网银行平台,掌握了基于互联网开展业务所需的科学技术及业务操作经验。因此,无论是技术准备、业务经验还是客户素养,商业银行都具备了开设直销银行的能力。

表 3-2　各大银行电子银行交易替代率　　　　　(单位:%)

银行	2013上半年电子银行交易替代率	2012年电子银行交易替代率
中国银行	77.22	—
农业银行	72.40	67.80
工商银行	77.30	75.10
交通银行	76.97	73.17
招商银行	91.85	90.66
民生银行	94.43	90.35
浦发银行	78.90	79.74
兴业银行	74.05	71.84

数据来源:各银行2013年半年报和2012年年报。

————————

① 支宝才,洪夙. 银行网点渠道变革五大趋势[J]. 银行家,2015(1):79-81.

（三）互联网金融带来的严峻挑战

近两年，互联网与金融深度融合产生互联网金融模式，互联网金融利用大数据等新兴科学技术，以低成本方式，瞄准商业银行"长尾"客户，即中低收入群体及小微企业，让客户足不出户就能获得所需的相关金融服务，极大程度上改变了我国金融生态模式。互联网金融直击商业银行的服务"软肋"，折射出商业银行在服务结构、方式和效率等方面都存在亟待改进之处，也迫使商业银行尽快创新商业模式和产品形态来应对挑战。国外直销银行的成功运营给我国商业银行提供了一个重要启示，即利用现代通信及信息技术，借助虚拟网络和线下实体网络，大幅降低运营成本，为众多个人客户和小微企业提供金融服务。同时，还能摆脱实体网点的束缚，不受地域限制，快速布局，吸纳客户，拓展业务。因此，直销银行作为一种与实体银行相互补充的新型银行经营模式，很有可能成为我国主要股份制银行（不包括五大国有商业银行）、众多区域性银行及民营银行在互联网金融时代拓展业务和提高竞争力的重要战略选择。

（四）利率市场化改革

商业银行存在的结构效率问题，已经严重阻碍我国经济结构的调整和产业升级。2013年，我国金融改革步伐明显加快，陆续出台了一系列涉及金融改革的政策，其中"发展多层次资本市场，稳步推进利率和汇率市场化"是改革的确定方向。因此，在不久的将来，存贷利率将高度透明化，商业银行以利差收入为主的盈利模式将举步维艰。在利率差别化激烈竞争环境下，形成差异化的竞争力是商业银行未来成功的关键。直销银行在利率水平方面竞争力优势明显，能为借贷双方都提供比实体银行更为优惠的利率，凭借利率差异化竞争力在利率高度市场化的欧美国家实现了20多年的发展并形成了成熟的商业模式，值得我国商业银行积极借鉴。因此，在我国市场利率改革大背景下，直销银行极有可能成为部分商业银行差异化的核心竞争力之一。

五、对我国直销银行的发展建议

（一）组织形态尽量保持独立性

直销银行在我国刚刚起步，我国商业银行如何让直销银行成为与实体银行相互补充的新型银行经营模式，保持直销银行的组织形态独立性是关键之一。国外直销银行虽然由银行集团控股，却是独立于母公司的实体，是具有独立法人资格的组织，具有独立的品牌及文化，这有利于直销银行与母银行实现差异化发展，确保经营模式和客户开发模式完全不同于母银行。First Direct、ING Direct 等知名直销银行与母公司形成了强烈的反差，强调"非银行"的组织文化，扁平的组织结构趋同于互联网企业，通过独特的覆盖客户全生命周期的直销式银行服务模式获得了长期的盈利。我国直销银行还无法获得单独的银行牌照，组织形态不可能完全独立，在品牌上需依附于母银行，在文化上亦会受到母银行的辐射，但是可以从组织结构及管理、运营模式和流程管理等方面区别于母银行，形成独特的经营模式，当时机成熟时就完全独立，从而避免与实体银行的重要服务渠道——网上银行重叠而被淘汰，新加坡华侨银行的直销银行 FintiQ 就是鲜活案例。

（二）采用集中化战略

在应对互联网金融的跨界竞争时，首先需要解放思想而后需要结合银行未来的发展定位和现行的资源禀赋，形成系统化的应对互联网金融的战略和措施。[①]"竞争战略之父"迈克尔·波特（Michael Porter）认为企业正确的竞争战略分为总成本领先战略、差异化战略和集中化战略。从国外成功的直销银行运营经验来看，竞争战略采用集中化战

---

①樊志刚，黄旭，谢尔曼. 互联网时代商业银行的竞争战略[J].金融论坛，2014(10)：3-10.

略,在实施策略上同时采用成本集中化和差异集中化,更容易获得成功。成本集中化依托线上渠道销售产品,节省了物理网点的建设投入和支付给员工的薪水开支,从而实现成本优势;差异集中化依靠科技创新来突出自己的产品、技术和服务的特色。比如,德国的网通银行在德国率先推出无障碍互联网银行服务;First Direct 推出旅游相关保险业务;CapitalOne360 推出支票手机拍照入账服务;等等。2014 年,我国虽然只有两家直销银行,但是随着其他商业银行及民营银行的跟进,未来必定会出现直销银行百舸争流的局面,竞争会非常激烈。国外直销银行的竞争战略模式非常值得我国直销银行借鉴,但实施的策略须充分结合我国直销银行内外环境的新特征、新情况并利用互联网经济规律进行灵活设计。随着直销银行的互联网金融特征越来越明显,在成本集中策略上,我国直销银行还要大力拓展客户,争取成为直销银行的主流。根据达维多定律和报酬递增定律,直销银行只要能保持用户规模不断增加,就能实现规模报酬递增和边际成本递减,从而长期获得盈利。我国直销银行潜在客户是网民和手机网民,将网民和手机网民的流量引导到直销银行平台是直销银行拓展客户的关键。直销银行可以与掌握互联网用户入口的第三方企业或移动运营商形成战略联盟来拓展客户渠道。电子商务、搜索引擎和社交媒体三个互联网行业掌握着互联网用户的主要流量,代表企业为阿里巴巴、百度和腾讯。民生银行与阿里巴巴战略合作,将直销银行电子账户系统与支付宝账户系统互通并在淘宝开立直销银行店铺,目的就是快速吸纳客户,并使其成为直销银行的主流客户,实现规模报酬递增和边际成本递减,最终创造价值。在差异集中化策略上,我国直销银行要立足于大数据为支撑的金融服务创新,这也是互联金融企业能为普通个人客户及小微企业提供低成本金融服务的核心原因。直销银行利用经营灵活的特点,积极与保险、基金、证券、电商、电信运营商等各领域的企业平台进行融合,通过综合化数据分享及分析,推出独具特色的直销金融产品,力争做到与实体银行竞争具有"低成本"优势,与互联网金融企业竞争具有"银行高度信誉度"优势,与其他直销银行竞争又具

"个性化"优势。

（三）需要不断完善风险监管体系

直销银行的风险监管理体系在每个国家不尽相同，但经过多年的实践及不断完善，都形成了基于政府监管部门、制度与法律法规及自身业务活动和技术控制的三位一体的风险管理体系。比如，在美国，直销银行主要由联邦存款保险公司等六个政府监管机构监管，按照美国货币监理署发布的多项制度及法律法规进行风险评估，以及自身基于网络技术的业务活动与电子货币行为进行风险控制；在英国，直销银行受英国金融服务管理局（FSA）监管，按照以《英国银行监管指南》为代表的多部法律法规进行风险评估，以及自身的运营及信息风险控制。直到2014年，我国还未建立专门针对直销银行的风险监管体系，尽管针对商业银行网上银行的风险监管体系已基本形成。但与网上银行相比，直销银行具有许多风险偏好，其风险监管方法与方式须相应改变。直销银行完全依托互联网技术，在业务上具有直销性、混业性和全生命周期性，在技术上具有虚拟性、开放性和创新性，导致直销银行在风险扩散速度上更快，与其他风险的关联性更强，风险控制的难度更大。对此，应建立不断完善的直销银行监管体系，为我国直销银行业务健康发展提供保障，监管体系设计要采取安全与效率兼顾和审慎与宽松适度的原则，在监管结构上可以通过制度设计层面、政府监督层面和自身运营层面三个层面对直销银行风险予以控制和化解。[①] 在制度设计层面上，通过各种制度的建设，在宏观层次上防范和控制直销银行的风险，为直销银行创造一个可持续发展的环境和平台；在政府监督层面上，通过以银保监会为主导的各监督机构建立协调机制，在中观层次上防范和控制直销银行的风险；在自身运营层面上，通过直销银行自身具备的风险管理监控技术，在微观层次上对风险进行防范和控制。

---

① 邱勋.多维视角下我国直销银行发展的思考[J].西南金融,2014(3):47-50.

第二节 美国纯网络银行发展分析及启示

一、纯网络银行的概念

网络银行广义上包含了直销银行和虚拟银行,而纯网络银行又可以算作网络银行这个大概念中的一个分支。① 本书认为纯网络银行是指不设任何实体分支银行和门店,完全借助现代互联网技术,通过数字化手段在任何时间、任何地点、以任何方式为客户提供服务的银行。金融危机之后,以 BOFI 为代表的纯网络银行在美国迅猛发展,市场份额迅速扩大,已经成为美国银行体系中的重要新生力量。一份对美国 22 家主要纯网络银行的研究报告表明,截至 2014 年 3 月末,美国纯网络银行的总资产为 4582 亿美元,存款余额为 3267 亿美元,分别占美国银行业资产和存款总余额的 3.3% 和 3.1%,共实现 7.4 亿美元的营业利润,占美国银行业营业利润总额的 5.3%。② 以 3.3% 的资产创造了 5.3% 的利润,说明纯网络银行的经营效率要优于传统银行。因此,研究和剖析美国典型纯网络银行的发展模式和经营特点,对我国未来发展纯网络银行具有重要借鉴意义。

二、BOFI 的发展状况

BOFI(Bank of Internet Federal Bank)是一家美国本土的知名小型纯网络银行,1999 年成立于美国加州圣地亚哥,是全球最早的从事纯网络银行业务的公司之一。BOFI 从不设立实体业务网点,主要通

---

① 张赟,刘欣惠,朱南.直销银行与纯网络银行比较分析[J].新金融,2015(6):34-38.

② 芮晓恒.没有银行的银行 离我们有多远[N].南方都市报,2014-8-5(GC08).

过互联网和移动终端媒介工具,实现业务中心与终端客户的直接业务往来。BOFI 于 2005 年在 NASDAQ 成功上市,2007 年,公司的业务已经遍布美国 50 个州,但员工总数却只有 35 人。低管理成本、高效率是公司区别于传统银行的主要特点,这也让 BOFI 成功地经受住了 2008 年金融危机的洗礼,没有依靠政府的救助就生存了下来。2011 年,公司更名为美国互联网联合银行(United Commercial Bank),通过集团的形式将一些细分金融业务(年金、按揭、咨询等)板块单独运营以提高扩张效率,BOFI 组织架构如图 3-2 所示。最些年,在网络技术快速发展的背景下,纯网络银行迎来发展良机,BOFI 业务快速扩张。根据公司财报,BOFI 的资产规模从 2008 年的 11.9 亿美元增加至 2013 年的 33.0 亿美元,5 年增长了 1.8 倍;公司净利润从 2008 年的 420 万美元增至 2013 年的 4029 万美元,5 年增长了 8.6 倍,年复合增长率为 57%。另外,资本市场对 BOFI 的发展前景也非常乐观,投资者普遍认为得益于互联网技术的快速发展,特别是移动互联技术的发展与应用,BOFI 的渠道扩张将更加便捷和迅速,也有助于其降低数据处理和运营的成本,增加了纯网络银行业务拓展的想象空间。BOFI 的股价从 2008 年金融危机后的低点 3.0 美元一直震荡上扬,股票市盈率、市净率水平一直处在上升通道。2014 年 3 月,BOFI 股价涨至 106.6 美元,5 年间上涨了 34.4 倍,市值从 2008 年的 0.6 亿美元增至 12.3 亿美元。

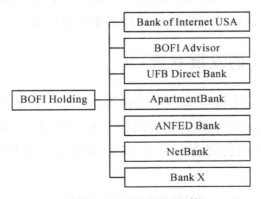

图 3-2 BOFI 组织架构

资料来源:BOFI 官网:http://www.bofiholding.com.

三、BOFI 的经营特点

(一)在符合各项监管要求下谋发展

BOFI 虽然没有传统意义上的物理网点,但作为一家在美国注册的国法经营的银行,BOFI 完全遵循由美联储(FR)、联邦存款保险公司(FDIC)、美国货币监管总署(OCC)等六个政府监管机构监管,按照 OCC 发布的以《网络银行最终规则》为代表的多项制度及法律法规进行业务活动与电子货币行业的风险控制。BOFI 的各类资本和资产配置指标均须满足《弗兰克－多德法案》及《巴塞尔协议Ⅲ》的要求。所以,BOFI 的资本充足率一直处于相对较宽松的水平,远高于《巴塞尔协议Ⅲ》的要求,详见表3-2。与美国银行和富国银行等传统大银行相比,美国银行的一级资本充足率为 12.3%,富国银行为 12.1%,而 BOFI 却达到了 14.52%。因此,BOFI 在资产充足率方面比这两家传统大银行具有明显优势。

表 3-2　2009—2013 年 BOFI 资本充足率相关指标　（单位:%）

项目	2009 年	2010 年	2011 年	2012 年	2013 年	《巴塞尔协议Ⅲ》
核心资本充足率	6.98	8.79	7.99	8.62	8.63	4.5
一级资本充足率	11.14	14.56	12.41	13.69	14.52	6.0
总资本充足率	11.73	15.25	13.01	14.32	15.28	8.0

数据来源:BOFI 公司财报。

(二)严控风险确保资产稳步增值

自成立以来,BOFI 在资产端的主要配置是互联网贷款和购买债券。80%以上的互联网贷款主要集中在风险相对较低的不动产按揭贷款上,BOFI 一直相对保守,其贷款主要投放在资质较好的按揭贷款领域,而且这类贷款的按揭贷款规模与房产价值的比率(LTV)一直保持在 50%左右的水平,远低于次级贷款 84%的平均值。其他互联网贷款主要投放给保理融资和有明确成长预期的中小企业。由于良好的风控措施,近 5 年 BOFI 的不良贷款率一直保持在 0.8% 这一较低水平左右;对债券的配置,BOFI 主要集中投资于一手的抵押债券(MBS),投资方式是持有至到期,期限在 10 年以上的债券占 40%,从而在风险较低的情况下又获得了较高的收益。在稳健的经营策略下,BOFI 2009—2012 年的平均资产收益率(ROA)和贷款收益率为 1.19% 和 6.16%,均优于美国银行和富国银行同期水平,详见表 2-3。

表 2-3　2009—2012 年 BOFI、美国银行和富国银行相关数据对比

(单位:%)

年份	BOFI		美国银行		富国银行	
	资产收益率	贷款收益率	资产收益率	贷款收益率	资产收益率	贷款收益率
2009	0.59	6.57	0.26	5.17	0.96	5.06
2010	1.56	6.52	−0.05	5.36	0.99	5.17
2011	1.26	5.97	0.06	4.82	1.25	4.93
2012	1.35	5.56	0.19	4.36	1.41	4.71
平均值	1.19	6.16	0.12	4.93	1.15	4.97

数据来源:各公司财报。

(三)组织结构有机扁平化

BOFI 充分依托桌面互联网和移动互联网开展业务,在组织结构上不设物理分支网点,银行后台工作人员直接与终端客户进行沟通和业务往来。与传统银行相比,BOFI 的团队人员较少,银行全职员工总数为 323 人。BOFI 采用开放的办公文化,要求员工进行充分横向交流以提高工作效率,组织结构趋于扁平。2013 年末,BOFI 员工人均管理资产 1020 万美元,远高于美国银行的 879 万美元和富国银行的 562 万美元。近几年,美国的纯网络银行数量不断增加,竞争愈显激烈,客户对纯网络银行服务方式和产品种类的需求不断多元化和个性化。同时,为应对移动互联网技术、大数据和云计算等新一代信息技术与金融业的不断融合与革新带来的外部环境的剧烈变化,BOFI 要求员工横向有效地沟通想法和共享知识,敏捷响应市场变化,通过不断创新来满足客户各种需求,这些都是有机扁平化组织的典型特征。

（四）低运营成本

BOFI 的愿景非常简单明了，就是通过提供比有营业网点的竞争对手更出色的产品和服务而成为美国最具创新性的无营业网点银行。① BOFI 凭借网络提供金融产品和服务，节省了物理网点的投入和支付给员工的薪水开支，大幅削减了运营成本，与传统银行相比，在降低交易成本上具有明显优势。据美国咨询机构 Tower Group 的数据，通过互联网金融方式办理的交易成本仅为传统柜面方式的约 2%，是 ATM 方式的约 10%。BOFI 最近几年的成本收入比基本上在 40% 左右，与美国银行和富国银行的 60% 左右相比，处于较低水平，显示出明显的成本优势。BOFI 还提出了将未来成本收入比降至 35% 以下的目标。BOFI 将节省的运营成本用于提高用户的存款利率来吸引更多的储蓄存款，这使得 BOFI 的年存款同比增长率达到 35% 左右。稳定的存款增长为 BOFI 逐步扩大信贷规模奠定了坚实的基础，同时也加强了其匹配中长期贷款的灵活性，还适当地提高了贷款风险容忍度，其息差水平（net interest margin, NIM）在 2009—2013 年一直保持在 3.7% 左右，与美国银行和富国银行相比也处于不错的水平，如图 3-3 所示。

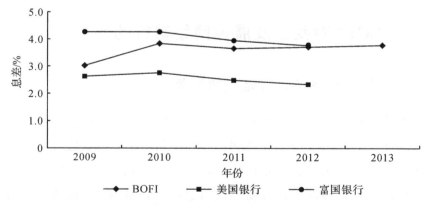

图 3-3　2009—2013 年 BOFI、美国银行和富国银行的息差水平

---

① 廖理. Ally Bank、ING Direct、BOFI 三家直营银行的创立发展和启示（下篇）[J]. 清华金融评论，2015(2):93-100.

（五）差异化的市场定位

BOFI 根据其销售渠道的特殊性，将目标客户定位于能熟练操作互联网，对资本匹配收益较为敏感，追求投资效率的中高收入人群。BOFI 早期只开设了一家纯网络银行 Bank of Internet USA，提供全面快捷且具有利率吸引力的活期/支票账户服务和房产按揭服务，产品种类比较单一。随着银行差异化市场定位战略的实施，BOFI 不断细分目标客户服务群体。2011 年，BOFI 针对不同目标客户群的金融业务需求，相应开设了七个互联网支行（见图 3-2）。比如 Bank X 是针对乐于追逐新科技的年轻一代而推出的具有酷炫界面且更高收益的储蓄账户服务的支行；ANFED Bank 主要是为彩票中奖者和拥有结构性年金或结构性保险赔偿的用户提供服务的支行；BOFI Advisor 为客户提供全方位的金融相关咨询服务等。BOFI 在发展中非常重视利用科技创新来提升客户的服务体验和客户的价值，这也是其实施差异化市场战略的重要战术。比如，BOFI 的用户只要利用手机下载银行 App，利用手机拍下持有支票的照片，就能实现支票入账操作；与第三方平台合作，利用大数据分析开发细分客户并引导至相应的支行等。

三、BOFI 对我国发展纯网络银行的启示

（一）开设纯网络银行是大势所趋

无处不在的互联网已经从一种行业和渠道转变成为一种新型生态，大众的商业行为已经"互联网化"。互联网金融的崛起对发展直销银行形成倒逼机制。新一轮科技革命和产业革命正在孕育兴起，随着云计算、大数据、移动支付等新一代信息技术的涌现，互联网金融时代已经到来。[①] BOFI 带来的一个重要启示是纯网络银行顺应时代的发展，能给予客户良好的互联网服务体验，在成本和业务拓展性上还有

---

①闫冰竹.中国直销银行发展探析[J].中国金融，2014(1):55-56.

巨大的优势。我国商业银行以圈地规模扩张和息差收入为主的发展模式在互联网时代必难以为继,何况还有余额宝、P2P和P2B等互联网金融产品对商业银行造成的极大冲击。在此背景下,我国商业银行纷纷提高与互联网的耦合度,加快纯网络金融产品和服务的开发,将基于互联网的服务创新模式作为自身升级与转型的重要发展战略。2014年,民生银行、兴业银行等中小商业银行相继开设直销银行对互联网金融进行战略布局,其运营模式与纯网络银行非常接近,时机成熟即可升级为纯网络银行。同时,以阿里巴巴、腾讯为代表的互联网企业,在第三方支付、网络小贷和网络理财等纯网络金融服务业务上积累了大量的实践经验,并拥有了强大的客户基础、品牌知名度和资金资源,具备开设纯网络银行的条件并对申办纯网络银行热情高涨。由此可见,在普惠金融改革大趋势下,纯网络银行在我国生根发芽只是时间问题。

(二)监管部门应支持纯网络银行的发展

纯网络银行是互联网与银行业深度融合与高度创新的产物,但监管部门对纯网络银行的开展颇为谨慎,虽然阿里巴巴、腾讯等迫切希望申办纯网络银行,但由于不符合"在银行开户必须面签"等政策的限制,阿里巴巴最终落选了首批民营银行试点,腾讯则摒弃了纯网络银行的方案。但笔者认为,纯网络银行主要借助科技手段,将目标客户定位于传统银行难以覆盖的在电子商务平台进行贸易的中小微企业、个体网店主和网络购物消费者,为他们提供网络信用贷款、网络订单贷款或消费贷款,这既弥补了传统银行的服务短板,也符合普惠金融精神要义,监管部门应当积极支持。再从BOFI在美国的成功经验来看,服务细分客户并受到投资者的热捧,说明纯网络银行发展空间巨大,也是安全可靠的。

(三)商业银行应大力发展直销银行

直销银行是主要或完全通过网络渠道为客户提供覆盖全生命周

期的直销金融产品或服务的有机银行。在欧美发达国家,直销银行有独立的法人和品牌文化,BOFI就是完全通过网络渠道服务客户的直销银行。我国商业银行由于政策限制和自身情况,短期内不可能开设或转变成纯网络银行。但是,央行在2014年2月肯定了民生银行等的直销银行模式,消除了直销银行远程开户障碍,从政策上支持商业银行开设准纯网络银行。各商业银行应敏锐抓住发展机遇,整合线下资源至线上(O2O),找准客户定位,挖掘客户需求,并利用直销银行直接切入互联网金融产品营销,比如个体和众筹业务,为客户提供丰富的网络金融产品和服务场景,进而形成先发优势,抢占互联网渠道入口,未来进可升级为纯网络银行,退可为商业银行在互联网时代带来竞争主动权。

(四)纯网络银行应对科技进步保持高度敏感性

从BOFI的发展过程可以看出,其对科技进步和用户行为习惯的变化均保持着高度的敏感性与关注度,并通过科技不断创新,在极大提升客户价值的同时,增强自身的核心竞争力。本书认为,移动互联网和大数据、云计算技术等新一代信息技术对未来银行的经营模式和价值创新方式将产生颠覆性影响。因此,未来我国纯网络银行业务的渠道应以移动终端为主,桌面终端为辅,并利用云计算和大数据挖掘技术等科技手段降低客户信用评估成本,提高风险定价能力,为提客户提供标准化、智能化和流程化的纯网络金融产品和服务。

(五)应建立完善的风险监管体系

纯网络银行完全依托互联网提供金融产品和服务,在业务上具有实时性、混业性和全生命周期性,在技术上具有创新性、虚拟性和开放性,由于互联网的强大聚集力及渗透力,纯网络银行在风险扩散速度上更快,与其他风险的关联性更强,风险控制的难度更大。BOFI的业务运营具有较高的安全性,主要得益于由美国政府监管部门、多项制度与法律法规及自身业务活动和技术控制所构成的三位一体的风险管理体系。因此,应建立不断完善的监管体系,保障客户的利益,为我国未来纯网络银行的健康发展提供保障。监管体系设计要采取安全与效率兼顾和审慎与宽松适度的原则,在监管结构上可以通过制度设计层面、政府监督层面和自身运营层面三个层面对纯网络银行风险予以控制和化解。在制度设计层面上,应制定市场准入、业务扩展管制和信息披露等制度,在宏观层面上防范和控制纯网络银行的制度风险,为其创造一个持续健康发展的环境和平台;在政府监督层面上,应通过以银保监会为主导的各监督机构建立协调机制,对纯网络银行进行资本充足率、流动性、交易系统的安全性、客户资料的保密与隐私权的保护、电子记录的准确性和完整性等进行日常检验或抽验,在中观层次上防范和控制纯网络银行的监管风险;在自身运营层面上,纯网络银行应不断加强风险管理的意识和技术,在微观层次上对纯网络银行各业务操作风险进行防范和控制。①

①邱勋.多维视角下我国直销银行发展的思考[J].西南金融,2014(3):47-50.

第四章

互联网基金销售

第四章

互联网金融消费者

本章主要研究讨论互联网基金销售的发展对商业银行发展产生的冲击与应对策略问题。

问题的研究背景是互联网基金余额宝无缝对接天弘基金的增利宝，得到支付宝客户的极大认可，在不到一个月的时间内募集规模超百亿元，引起金融市场的高度关注和讨论。余额宝的推出进一步加快了互联网对金融市场的重构步伐，对商业银行的冲击尤其显著。本章通过介绍互联网基金余额宝的业务及其创新点，分析了余额宝对商业银行在金融市场地位、银行活期存款、超短期理财产品和基金代销业务四个方面产生的影响，探讨了余额宝在重视互联网长尾效应、挖掘互联网渠道的潜力和制定大数据经营战略这三方面给商业银行带来的启示。

第一节　余额宝的本质与创新

一、余额宝的迅猛发展

20 世纪 90 年代中期至今，我国商业银行的传统金融服务业务实现了用户互联网自助办理。2010 年之后，经过多年发展，互联网企业的业务没有停留在向金融机构提供技术支持和服务层面，通过深度挖掘积累下来的数据信息，将业务拓展至金融领域，构建出互联网金融模式并成为信息技术与金融资本相结合的新兴领域，不断推出创新型互联网金融模式产品。① 比如,阿里巴巴公司推出的阿里小贷,是大电商企业在小微贷领域的创新;人人贷、拍拍贷等平台推出的个人对个人的互联网信贷业务。互联网金融创新逐步打破传统商业银行在金融业务多方面的垄断格局。2013 年 6 月,支付宝网络技术有限公司开通余额宝功能,与天弘基金公司合作,直销中国第一支互联网基金。作为一种全新的互联网金融产品,在不到一个月的时间内,客户转入余额宝的资金规模已突破百亿元。支付宝和天弘基金"联姻"推出的余额宝,直接冲击了商业银行的存款业务,迅速吞食金融企业的固有领地,引起金融市场的高度关注和讨论。②

二、余额宝的主体架构

余额宝是支付宝公司与天弘基金公司合作,针对支付宝账户备付金推出的一项增值服务。实名认证的支付宝用户可以把支付宝备付金转入余额宝,快捷地购买天弘基金公司嵌入余额宝的增利宝货币型理财产品(以下简称增利宝),从而获得相对较高的收益。同时,余额宝内的资产保持流动性,客户可随时用于消费、转账等,不影响客户的购物体验。

余额宝本质上是一个基金直销产品,天弘基金公司把其发行的增利宝嵌入支付宝的余额宝进行直销。余额宝在运营过程中涉及三个直接主体:支付宝公司、天弘基金公司和支付宝客户。其中,支付宝公司是增利宝的一个直销平台和第三方结算工具的提供者,与客户的接口是支付宝,与增利宝的接口是余额宝;天弘基金公司是基金发行者和销售者,发行增利宝,并将其嵌入余额宝直销;支付宝客户是基金的购买者,通过支付宝账户备付金转入余额宝或从余额宝转到支付宝,实现对增利宝基金的购买和赎回交易,如图 4-1 所示。③

---

①宫晓林.互联网金融模式及对传统银行业的影响[J].南方金融,2013(5):86-88.

②沈悦,郭品.互联网金融、技术溢出与商业银行全要素生产率[J].金融研究,2015(3):160-175.

③邱勋.余额宝对商业银行的影响和启示[J].新金融,2013(9):50-54.

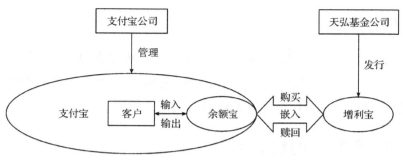

图 4-1 余额宝的主体架构

三、余额宝的业务流程

余额宝为支付宝客户搭建了一条便捷的标准化互联网理财流水线。在该流水线中,所有业务都是通过互联网操作实现的,具体包括实名认证、转入、转出三个环节。

(一)实名认证

支付宝是一个第三方电子商务销售基金平台,根据 2013 年 1 月证监会发布的《证券投资基金销售机构通过第三方电子商务平台开展证券投资基金销售业务指引》,第三方电子商务平台经营者应当对基金投资人账户进行实名制管理。因此,未实名认证的支付宝客户必须通过银行卡进行实名认证才能使用余额宝。

(二)转入

转入是指支付宝客户把支付宝账户内的备付金余额转入余额宝,转入单笔金额最低为 1 元,最高没有限额,为正整数即可。在工作日(T)15:00 之前转入余额宝的资金将在第二个工作日(T+1)由基金公司进行份额确认;在工作日(T)15:00 之后转入余额宝的资金将顺延 1 个工作日(T+2)确认。增利宝对已确认的份额开始计算收益,所得收益每日计入客户的余额宝总资金。

（三）转出

余额宝总资金可以随时转出或用于淘宝网购支付,转出金额实时到达支付宝账户,单日/单笔/单月最高金额 100 万元,实时转出的金额(包括网购支付)不享受当天收益。

四、余额宝的创新点

余额宝推出不足一月,募集资金规模就已突破百亿元,并且每天以亿元的规模增长。究其原因,是余额宝在多方面进行了创新。

（一）余额宝在金融产品模式方面的创新

余额宝在销售天弘基金的过程中,所实现的是将支付宝的活期存款账户与天弘基金的货币基金账户相连接。这一机制,早在 20 世纪末就已在欧美发达国家中普遍实行。在这些国家中,客户(包括个人和机构)在商业银行开立活期存款账户的同时,可再开立货币市场基金(及其他证券投资基金)账户。[①] 作为国内第一只互联网基金,余额宝一经面世就遭到各种争议。我国《证券投资基金销售管理办法》第五十四条规定:"未经注册并取得基金销售业务资格或者未经中国证监会认定的机构,不得办理基金的销售或者相关业务。"支付宝公司只有第三方基金支付牌照而没有基金销售资格,因此不得代销基金。支付宝公司为规避监管风险,在余额宝的设计上把基金销售行为定义为直销,并严格按照直销来设计业务流程,支付宝收取提供交易平台的对价(管理费),这样就成功规避了监管风险,证监会也对余额宝在第三方支付业务与货币基金产品的组合创新给予了肯定和支持。余额宝的另一大产品创新亮点在于将即时支付(T＋0)融入客户消费场景,为客户提供账户增值的同时,丝毫不影响客户所有的支付体验,支付宝客户可以使用余额宝资产在淘宝网站进行实时支付或转账到他

---

① 王国刚,张扬.互联网金融之辨析[J].财贸经济,2015(1):5-16.

人的支付宝。

（二）余额宝在营销方面的创新

余额宝在营销渠道上开创了基金公司在大电商平台直销基金的模式。天弘基金是余额宝服务的唯一产品提供者，增利宝也是唯一与余额宝进行对接的产品。增利宝利用支付宝的渠道优势，在零推广成本下，将产品直接呈现在近8亿人的客户群体面前，独享资金规模近200亿元的市场。增利宝基金规模在短期内就超过百亿元，使默默无闻的天弘基金公司，短期内成为国内规模最大的货币基金管理者，公司品牌价值得到极大的提升。公司正是利用互联网的营销渠道优势创造了奇迹；余额宝则开创了互联网一站式销售模式。余额宝为了给客户提供更好的购物体验，尽量转化每一位支付宝客户。天弘基金和支付宝在后台系统为余额宝提供了大量技术支持，实行便捷的"一键开户"流程。客户将钱转入余额宝，相当于即时购买了增利宝；客户如果选择将资金从余额宝转出或使用余额宝资产进行购物支付，则相当于赎回增利宝基金份额。所有流程操作即时生效，便捷流畅。余额宝围绕"提升客户价值为中心"对营销策略进行创新。突出强调购买增利宝资金的门槛仅需1元，是购买门槛最低的一只基金。余额宝让客户的备付金"每一元"都能天天增值，不少客户通过余额宝尝试了人生的第一次理财，享受到"大众理财"带来的魅力和增值感。余额宝细致入微地围绕"提升客户价值为中心"的创新，得到客户的高度认同，支付宝备付金不断地流向余额宝。

（三）余额宝在技术应用方面的创新

支付宝客户的备付金具有小额性和流动不定性的特点，在节日促销期间更会出现流动性暴涨的情况。基金公司要吸收支付宝的备付金，难点在如何化解备付金流动性暴涨带来的风险。货币型基金虽然相当安全，但突发性大规模赎回会导致基金因流动性不足不得不出售未到期的资产从而发生亏损。随着信息科学技术的发展,天弘基金公司委托金证公司,利用大数据技术,锁定支付宝客户,把握客户购物支付的规律,对"大促"和节前消费等影响备付金流动的因素进行事先预测,有效地解决了备付金的流动性风险,确保增利宝产品的低风险水平。天弘基金与支付宝公司合作,通过大数据技术的创新,实现了增宝利流动性与收益性的高效匹配,让客户的备付金增值得到充分保证。

第二节　余额宝对商业银行的影响和启示

一、余额宝对商业银行的影响

(一)余额宝对商业银行市场地位的影响

商业银行由于体制和政策因素,长期处于金融服务机构的核心地位。大多数金融业务和渠道被商业银行控制和垄断,在金融市场中明显处于强势地位。但随着我国对各领域改革的深入,我国商业银行在传统领域的垄断地位受到前所未有的挑战。一批以阿里巴巴为代表的互联网企业,利用互联网对金融业的逐步渗透,推动金融业的政策和制度不断调整和创新,对商业银行传统业务造成了严重冲击。以第三方支付业务发展为例,商业银行的支付业务地位就已经被边缘化。支付宝公司与天弘基金公司合作推出的余额宝开始争夺商业银行的理财业务和活期存款业务。尽管余额宝打着政策的"擦边球"上线,备受争议,证监会也在随后的新闻发布会上点名余额宝业务违反了《证券投资基金销售管理办法》和《证券投资基金销售结算资金管理暂行规定》的相关规定。但是,证监会并没有暂停余额宝业务,认为余额宝是基金销售模式的创新并给予了明确支持。监管层放行余额宝反映出我国政府加快金融服务业改革和开放的决心,支持和鼓励互联网金融创新,弥补商业银行在诸多业务上的不足,使我国金融服务业向民间资本开放迈出了一大步。余额宝顺利推出后,其引发的聚集效应和蝴蝶效应马上得到呈现。"活期宝""现金宝""挖财"和"新浪微银行"等产品纷纷上线,开展与商业银行相关业务有竞争关系的互联网金融业务。所以,余额宝的出现一定程度上削弱了商业银行在金融市场的地位。

(二)余额宝对商业银行存款的影响

2013年,支付宝的备付金规模大约为200亿元,而根据相关数据统计,2012年12月末全国商业银行的活期存款总额约为16万亿元。有学者认为即使备付金全部转入余额宝,对商业银行活期存款的影响也微乎其微。单纯从余额宝备付金规模来看,学者们的看法有其合理之处,但从发达国家先验经验来看又有其失之偏颇的地方。20世纪60年代,美国商业银行活期存款占比约为60%,后来货币市场基金分流了活期存款,90年代,银行活期存款占比已降至10%,这说明货币基金对商业银行活期存款的长期影响尤为明显。支付宝客户以年轻人为主,80后客户占六成以上,在当时经济积累单薄,渴望其小额资金能实现稳健增值。尽管支付宝客户被告知余额宝本质是一种理财模式,存在一定的风险,但是支付宝客户对支付宝的安全和信誉有极高的认同度,在主观上已经把余额宝和高息活期存款同化了,所以支付宝客户将活期存款转入余额宝的概率很高。支付宝和天弘基金推出余额宝的最终意图是瓜分商业银行活期存款利润。余额宝在保"活"的前提下,为客户的活期存款资产提供了一条风险极低的增值渠道,必定会分流商业银行的活期存款。因此,在互联网金融的冲击下,我国商业银行的活期存款业务不但会复制美国商业银行活期存款的发展趋势,而且在过程和时间上还会明显缩短。

(三)余额宝对商业银行理财产品的影响

余额宝有理财和消费两重功能,收益按天结算,属于低收益理财产品。从增利宝的特点和投资结构来看,增利宝与商业银行 1 天周期的超短理财产品性质最接近。根据天弘基金公司官网公布的增利宝历史收益数据,自从余额宝上线以来,增利宝的日年化收益率超过 4％,大幅度超过多数商业银行的 1 天周期理财产品。以 2013 年 7 月 21—28 日这一理财时段为例,余额宝的收益均超过工商银行、农业银行、中国银行和建设银行的 1 天周期理财产品,详见表 5-1。与余额宝收益最接近的是上海银行的"易精灵",但开户需要 30 万元,申购资金 10 万元起。表 5-1 中商业银行发布的理财产品在类型上与增利宝相同,都属于非保本浮动收益型理财产品,但申购资金要求和申购赎回时间皆比余额宝苛刻许多。因此,有部分商业银行超短期理财产品的客户会转投余额宝,这对商业银行超短期理财产品造成冲击。

表 5-1 2013 年 7 月 21—28 日余额宝与商业银行期限为 1 天的理财产品比较

金融机构	产品项目	产品代码	日年化收益率	申购资金最低要求	申购和赎回时间
天弘基金	余额宝	增利宝	4.3％～4.4％	1 元	随时申购和赎回
工商银行	灵通快线	LT0801	1.8％～2.2％	5 万元	9:00—15:30（工作日）
农业银行	安心快线	AK100101	2％	5 万元	9:00—15:00（工作日）
中国银行	日积月累	AMRJYL01	2.3％	5 万元	9:00—14:00（工作日）
建设银行	日鑫月溢	ZH072011003000Y01	2.25％	5 万元	8:45—15:30（工作日）
交通银行	天添利	0191090001	2.45％	5 万元	8:45—15:30（工作日）
招商银行	日日盈	8166	2.5％	5 万元	9:00—15:30（工作日）
华夏银行	增盈	Z01100011	2.4％	5 万元	9:00—15:15（工作日）
民生银行	钱生钱	钱生钱 B	1％～2.1％	5 万元	自动认购随时支取
上海银行	易精灵	W2009901A	3.7％－4.1％	10 万元	9:00—14:30（工作日）

注:数据来自天弘基金公司和各大银行官方网站。

（四）余额宝对商业银行基金代销的影响

余额宝嵌入电商平台直销基金是继第三方平台销售基金、证券投资基金销售机构通过第三方电子商务平台销售基金之后,在基金销售渠道多元化上的一个重大突破。余额宝模式大大拓宽了基金销售渠道,减少了基金公司对商业银行代销的依赖性,进一步分流了商业银行的基金代销业务。第三方平台获得销售基金牌照后,对银行的基金代销业务造成了强烈冲击。根据证监会公布的数据,2011 年,新发行基金 203 只,募资规模 2555 亿元;2012 年,新发行基金达 255 只,募资总量达到 6400 亿元,创历史新高。在这种情况下,多数银行的基金代销收入却出现了下滑。根据相关银行上市报表,2012 年上半年,农业银行实现代理销售基金收入 3.37 亿元,同比下滑 50%;招商银行实现代理基金业务收入 5.42 亿元,同比下降 18.5%。导致这一结果的直接原因就是第三方机构抢占了银行代销基金的市场。余额宝开启了第三方支付平台直销基金的先河,尽管只有增利宝一只合作基金,但其规模就已突破百亿元。如果支付宝推出更多具有差异化结构的基金产品,加上其他第三方支付公司的效仿聚集效应,商业银行的基金代销业务将会受到严重的挑战。

二、余额宝对商业银行的启示

（一）高度重视互联网长尾效应,提升客户活期存款价值

商业银行一直以来都是我国重要的信用支撑机构,是唯一能吸收活期存款的金融机构。存贷利润差是银行商业模式的根基,活期存款是银行吸收存款的重要组成部分,也是银行利润的重要来源。从客户管理的角度来看,商业银行对活期客户的管理投入很少,活期客户属于商业银行的非头部客户,却给商业银行创造了大量利润。根据长尾效应,所有非流行的市场累加起来就会形成一个比流行市场还大的市场。长期以来,商业银行在金融政策的保护下,对活期存款只给予活期利息,客户的回报率极低。随着互联网金融逐步打破商业银行在政

策上的天然屏障,以余额宝为代表的互联网基金瞄准银行客户长尾市场,开始抢占被商业银行垄断的规模达16万亿元的活期存款市场。面对互联网基金的竞争,商业银行必须突破传统思维,敏捷响应市场变化,提升客户活期存款价值和加强个性化服务。商业银行可以与流动性管理好、历史业绩稳定和优秀的基金公司合作,为客户进行活期余额理财服务,加强客户个性化服务。商业银行应当围绕自身的系统和业务优势,推出诸如活期余额自动申购、短信赎回、线上/线下购物和还款业务自动赎回等第三方机构无法开展的独特业务。商业银行通过活期余额理财服务,不但可以增强客户黏性,提高客户的忠诚度,保持长尾市场份额,而且还可以吸引增量和增加中间业务收入。2013年,广发银行和交通银行分别推出了类似余额宝业务的"智能金"和"快溢通"业务。

(二)挖掘互联网渠道的潜力,提高基金代销和理财产品的服务效益

金融业务易于数字化,因此利用互联网提供金融服务具有天然的优势,比如服务易于创新、交易成本低廉、操作流程便捷和营销渠道无缝绑定等。余额宝在基金销售渠道和小额理财方面进行的创新,归功于对互联网渠道的成功挖掘和利用。以余额宝为代表的互联网金融产品对商业银行在基金代销和理财产品业务上造成的冲击日益显现,给商业银行带来了很大的挑战。商业银行的传统优势在于丰富的管理经验和强大的系统资源,具备第三方机构无可比拟的国家信用及资金安全保障。商业银行应当尽快结合利用传统优势与互联网金融优势,提高基金代销和理财产品的服务效益。在理财产品方面,对于低收益无固定限制的理财产品,商业银行可以采取提高收益率、降低购买门槛、宽松的申购与赎回时间限制等措施保持客户的稳定性。对于中长期固定期限的高收益产品,在销售模式上,商业银行可以借鉴互联网金融的P2P模式,允许客户有条件地转让持有的未到期的理财产品份额,提升客户的产品体验和价值;在基金代销方面,商业银行可以建立一个社区化的基金代销平台,定期发布基金购买指导建议,引导

和激励客户在平台共享和交流购买基金的体会、经验和建议，通过价值共建的营销模式进行基金代销。随着商业银行与基金管理公司合作的深入，新的理财产品不断推出，盈利超过余额宝的银行类理财产品越来越多。与此同时，银行货币基金的"起始金"门槛也在逐渐降低，这说明以余额宝为代表的互联网金融理财产品还积极地促进了金融理财产品的创新，以及利率市场的渐进式改革。①

（三）制定大数据经营战略，打造联盟电商平台

电商金融是电子商务和金融相结合的产物。电商金融等互联网金融产品是创新型金融产品，面临各种各样的风险，如何有效地分析和控制这些风险是互联网金融能否成功的关键。② 阿里小贷和余额宝是互联网金融模式最具正向典型性的产品，成功的关键在于阿里巴巴公司积累了客户十年交易的大数据及对大数据的有效分析和挖掘，既准确地把握住了客户的金融服务需求，又有效地控制住了风险，这说明大数据已成为电商金融的核心。商业银行在金融市场互联网化进程中，非常注重互联网金融创新，但是由于缺少判断客户信用的大数据，特别是中小企业的商务数据，导致互联网金融创新难有突破。2007 年，工商银行和建设银行与阿里巴巴公司合作，共享阿里巴巴公司的小企业信用数据，这说明了电商数据对商业银行具有重要价值。但双方在预期上有较大分歧，合作最终于 2010 年终止。建设银行充分意识到没有客户电子商务数据的积累，在未来的创新与竞争中就会处于劣势，于是决定跨界电商业，推出了建设银行"善融商务"电商平台。接着，交通银行推出"交博汇"，民生银行的电商平台也开始紧锣密鼓地筹建。商业银行试图通过跨界电子商务平台来实现大数据经营，重新夺回互联网金融市场的主导权。但电子商务平台在交易聚集

---

①陈嘉欣，王健康.互联网金融理财产品余额宝对商业银行业务的影响——基于事件分析法的研究[J].经济问题探索，2016(1)：167-173.

②黄海龙.基于以电商平台为核心的互联网金融研究[J].上海金融，2013(8)：18-23.

及维持上难度极大,加上电商企业已先入为主,凭单个商业银行力量在短期之内难以成功。对此,商业银行间可以借鉴小商业银行的"柜面通"模式,利用客户资源和系统优势,共建设、共推广和共享用一个联盟电子商务平台,快速聚集交易,积累客户的电子商务数据,为将来在与第三方机构的金融业务竞争中获得主动权打好大数据基础。同时,商业银行要积极培训既懂金融又懂大数据的复合型人才,只有靠大数据技术对积累的业务大数据进行科学的管理与分析,才能为商业银行提供有效的决策依据,保证商业银行在互联网时代实施大数据战略获得源源不断的动力。

第五章

股权众筹

本章主要研究讨论"股权众筹的模式、价值及风险监管"和"股权众筹的现实困境与未来展望"两个问题。

第一个问题的研究背景是 2014 年"促进互联网金融健康发展"首次被写入政府工作报告,股权众筹被认定为我国多层次资本市场的重要组成部分,证监会也开始对股权众筹模式进行调研,并着手制定其发展监管意见 。因此,股权众筹在我国面临重大的历史发展机遇。本章通过考察股权众筹融资在国内外的发展现状,分析了股权众筹融资的运营模式,并认为其具有重要的社会价值、战略价值、经济价值和精神价值。同时,作为一种新兴融资工具,股权众筹的风险也不容忽视,主要存在法律风险、商业模式创新风险和道德风险。本章认为,要辩证地看待股权众筹发展中的创新和风险,应尽快出台相关法律法规,明确行业法律定位和监管措施,采用立体交叉监管的方式,引导行业健康发展,构建替代性纠纷解决机制,保护投资者利益,同时加强投资者教育,帮助其树立科学的投资理念。

第二个问题的研究背景是股权众筹作为一种新型的小微企业股权融资模式,能有效支持和促进实体经济发展,受到各国政府的关注和推动。本章通过梳理股权众筹在我国发展的三个阶段和分析股权众筹在我国发展面临的诸多现实困境,对股权众筹在我国的发展前景进行了理性的展望。

第一节　股权众筹风险监管与防范

一、国内外股权众筹的兴起

2013 年 12 月 23 日，美国证券交易委员会（Securities and Exchange Commission, SEC）全票通过以《促进创业企业融资法》（Jumpstart Our Business Startups Act, JOBS）中的众筹法案为基准的众筹监管法规，新法规使得初创公司和小企业通过众筹方式向普通美国公民发行股票融资进入实施阶段，再次引起了全球对股权众筹融资的高度关注。众筹融资是一种新型的互联网融资模式，具有受众广、成本低的特征，近年来在全球发展迅速，逐渐成为促进中小企业融资和发展的新兴动力。[①] 在我国，尽管股权众筹发展的环境尚不成熟，但在巨大的民间投融资需求和国际示范效应下，2013 年，我国股权众筹开始蹒跚探路，并在与相关政策和法规不断博弈中缓慢发展，股权众筹平台形成"南北双极"格局。2014 年，"促进互联网金融健康发展"首次被写入政府工作报告，不久，股权众筹也被认定为我国多层次资本市场的重要组成部分，证监会也开始对股权众筹模式进行调研，并着手制定其发展监管意见。因此，股权众筹在我国即将面临重大的历史发展机遇。在此背景下，研究股权众筹的国内外发展现状与监管模式具有重要的理论和现实意义。

二、股权众筹的概念和主体架构

（一）股权众筹的概念

我国正在构建服务实体经济的多层次资本市场，大力发展面向中

[①] 胡吉祥，吴颖萌. 众筹融资的发展及监管[J]. 证券市场导报，2013(12)：60-65.

小微实体企业的新三板市场、区域性股权交易市场和股权众筹市场等,打造多层次正金字塔形资本市场结构是重要的发力方向。[①] 股权众筹(securities-based crowdfunding)这一融资模式起源于美国,是一种风险较高、期限较长的投资行为,在我国公开性证券融资体系中处于金字塔的底部(见图 5-1)。广义的股权众筹是指通过中介机构撮合融资企业和投资者的权益性融资方式;狭义的股权众筹是指初创企业通过众筹网络平台(以下简称众筹平台)将所需融资项目情况、融资需求及出让股份公布在众筹平台上,由注册的合格投资者认购股份,支持创业项目的发展,投资者获得一定的股权(而非实物)作为回报。互联网股权众筹降低了融资成本,提高了融资效率,但是作为一种创新型融资模式,由于整体制度缺失,存在诸多不确定性,值得深入讨论和研究。故本部分所研究的股权众筹,特指狭义的股权众筹。

图 5-1　我国公开性证券资本市场融资体系

(二)股权众筹运行的主体架构

股权众筹在运营过程中至少涉及三个主体,即项目融资人(创业者)、公众投资人和众筹平台,大多数还具有资金托管机构。

---

① 辜胜阻,庄芹芹,曹誉波.构建服务实体经济多层次资本市场的路径选择[J].管理世界:2016(4):1-9.

1. 项目融资人

项目融资人一般是指试图通过众筹平台为自主具有但缺乏资金支持的项目进行融资的小微企业创业者,其融资项目具有高新技术、创新商业模式和市场高成长预期等特征,且多处于种子期或初创期。同时,项目融资人必须成立公司,遵循现代公司治理制度,建立可对外出售股权的制度,还必须符合众筹平台规定的条件,如国籍、年龄、资质和学历等,且必须在众筹平台注册并与其签订服务合约,明确权利和义务且通过众筹平台审核后才能进行项目融资。

2. 公众投资人

公众投资人是在众筹平台上注册的众多的"草根天使",通过众筹平台选取项目,但是投资之前,必须通过众筹平台的资格审核。只有成为合格的投资者,才能对中意的项目进行规定额度内的投资并获得项目公司的对应股份,享受普通股东的权利,甚至对创业者的决策施加影响,如果公司盈利就能获得回报。

3. 众筹平台

众筹平台是平台的搭建者和运营方,又是项目融资人的审核者、辅导者和监督者,还是公众出资人的重要利益维护者,平台进行尽职调查有利于降低信息不对称性,促进行业健康可持续发展。[1] 同时还为投融双方提供财务审核、技术咨询、交易撮合等支持性服务。因此,众筹平台的多重身份特征决定其流程复杂、功能全面、责任重大。

4. 资金托管机构

资金托管机构是众筹平台的战略合作伙伴,其功能类似于互联网信托 P2B 中的资金托管机构,全程为公众投资人的资金进行第三方托管及分期支付,对投资者的资金安全进行全程保障。

---

①杨东,黄尹.旭中国式股权众筹发展建议[J].中国金融,2015(3):63-66.

三、股权众筹的融资模式

（一）个人直接股东模式

直接股东模式是出资者直接在众筹平台上浏览列出的可投资项目，然后挑选出认为有潜力的企业进行投资。筹资项目成功后，出资者通过众筹平台的电子化程序签订转让协议、股权凭证等文件并在公司登记注册，在收到纸质的股权证书（通常分为 A 股和 B 股两种）、投资协议书等文件后，投资者正式成为该项目公司的股东，持有 B 股的投资者对项目公司的决策具有投票权。这种模式主要集中在英国，如英国著名的股权众筹平台 CrowdCube 和 SeedUps 即采用这种模式。

（二）基金间接股东模式

投资者直接在众筹平台上浏览可投资项目，然后挑选认为有潜力的项目进行投资，但资金并不经过众筹平台，而是转入一家风投基金，由风投基金把所有投资人募集的资金注入项目公司，投资者是众筹平台中项目个股的基金持有者，基金的面值和项目公司的股票价值是等值的。在这种融资模式中，投资者是项目公司的间接股东，其所有投票权被基金代理，投资者对项目公司基本上没有影响力。美国著名股权众筹平台 FundersClub 即采用此模式。

（三）集合直接股东模式

集合直接股东模式又被称为"领投＋跟投"模式和辛迪加模式。在该模式中，执行"领投人"制度，通常由众筹平台指定一名具备一定的行业资源、影响力以及丰富投资经验和较强风险承受能力的投资人充当投资的领导者与协调人，其他投资人追随领投人进行投资，领投人与跟投人会签订管理协议确定双方的权利和义务，领投人和跟投人都是公司的直接股东，但通常情况下由领投人担任项目公司重要股东并参与管理，跟投人作为出资方也享有重大事项的投票权，但不用参与一般性事务。采用集合直接股东模式的股权众筹平台主要有美国的 AngelList、澳大利亚的 ASSOB 以及我国的天使汇和大家投等。

四、股权众筹的价值

（一）创新性的融资模式，推动普惠金融发展

在传统的融资体系中，由于高不可及的门槛和无法消除的信息不对称，普通个人投资者被排除在初创企业股权投资之外，也无法分享初创企业的成长收益。同时，初创企业囿于风险投资单一的融资渠道，成功的概率较低。具有明显普惠价值的互联网金融的发展为缓解小微企业融资困境提供了新的途径。2013 年 8 月，国务院办公厅发布的《关于金融支持小微企业发展的实施意见》指出，要"充分利用互联网等新技术、新工具，不断创新网络金融服务模式"。股权众筹作为互联网金融的核心模式之一，是一种依托众筹平台、针对高成长预期的小微企业初创期的独立于正规金融体系之外的新兴的投融资形式，其最大的创新在于完全打破了传统证券融资的体系和流程，普通民众可以通过众筹平台直接参与初创企业的股权投资，与企业共担风险和共享收益。同样，初创企业借助众筹平台通过互联网直接融资，其融资渠道被有效拓宽，融资成功率明显提高。由此可见，股权众筹在有效促进金融公平、推动普惠金融发展、增进社会公平感等方面，具有重大的社会价值。

（二）扶持小微创新企业发展，提高国家竞争能力

我国正处于经济结构调整和转型升级的特殊时期，中央制定了"用好增量、盘活存量"的金融方针和政策，引导大量民间金融资源转向支持实体经济的发展，特别是新经济的发展。小微企业是新经济增长点的重要潜在元素，更是深化改革的主要推动力量。但是由于小微企业的先天性缺陷，很难从银行等正规金融渠道以合理价格获得融资。股权众筹融资是一种基于互联网平台的创新型融资模式，对拓宽

中小微企业融资渠道和支持创新创业活动,都具有积极意义。① 股权众筹作为一种专门针对创新型小微企业的互联网权益融资形式,打开了"微天使"的大门,给予普通投资者投资创新型小微企业的权利、机会和渠道。从创业板和新三板的发展来看,存量资金明显青睐于创新型小微企业,特别是新三板。股权众筹极大地降低了初创企业的准入门槛,使得小额闲散民间资金对新型小微企业产生了极大的投资热情,大大提高了小微企业的股权融资成功率。同时,由于股权融资不需要定期支付利息和本金,小微企业没有负债压力,能将募集的资金全部投入产品创新之中,有利于企业自身快速发展,提高创业成功率,进而促进经济结构转型升级。因此,股权众筹一定程度上推动了我国从储蓄型社会向投资型社会机制转变,从中国制造向中国创造转变,对提高国家竞争能力、促进经济市场繁荣具有重要的战略价值和经济价值。

(三)激发全民创新创业,形成创新创业传统

创业者在创业初期遇到的最大问题往往是融资难。通常创业者虽然拥有很好的商业思路,但商业计划和融资需求只能在天使投资人和风险投资等圈子里小范围传播。囿于匮乏的融资渠道和高额的融资成本,许多优质的创业项目在吸引到资金前就已夭折了。而股权众筹通过互联网技术以更加迅速、直接和社会化的融资方式,拓宽了创业者融资渠道,有效解决了初创企业"融资难"和"融资贵"的困扰,也让每个普通投资者都可以基于情感、喜好或商业眼光参与创业投资,同时,让更多的投资者为创业企业提供除资金以外的其他资源(智力资源、客户资源、人力资源等)帮助,有效降低创业风险,提高创业成功率。显然,股权众筹能明显改善创业环境和浓厚创业氛围,也将造就一大批新的创业企业家,新的企业家自然会感染、鼓励和支持更多的年轻人参与创新与创业,进而助推我国形成利于创新创业的良性循环生态,对最终将创新创业沉淀为中华民族的宝贵传统和精神追求,具

---

① 胡吉祥.众筹的本土化发展探索[J].证券市场导报,2014(9):4-10.

有深远的精神价值。

五、股权众筹监管的风险

股权众筹是互联网应用普及、实体经济变革和金融服务创新三者共同促进下产生的新兴金融形式,且处于发展初期,与其他新兴事物的发展初期一样,必然存在不足甚至是弊端,故蕴含诸多风险。

(一)法律风险

股权众筹本质上还是一种小额化的私募权益性融资,但全网络化的融资流程并不符合传统的证券融资的法律法规,因此,股权众筹要在我国推行,首先遇到的阻碍便是合法性问题。① 欧美国家对股权众筹发展的诉求响应较快,积极颁布法案明确其合法地位,出台监管措施促进其健康发展。比如美国颁布的 JOBS 法案和 SEC 出台的众筹监管法规,英国金融行为监管局(FCA)发布的《关于网络众筹和通过其他方式发行不易变现证券的监管规则》。我国还未出台股权众筹相关法律法规,在《证券法》《公司法》和《刑法》的限制下,股权众筹的发展空间被极大地压缩。我国的股权众筹一般通过"线上＋线下"两段式完成投融资过程,众筹平台承担线上创业项目的审核、展示和披露职责,平台必须确保项目真实存在。当创业项目达到募集额度且投资人不超 50 人时,则投融双方的合作转至线下,相关投资人成立合伙企业,依《公司法》与创业者签订股份转让协议,众筹平台不参与股权的转让和交割,在一定程度上避免了非法发行股票的嫌疑,但始终无法回避项目宣传方式上的公开性,如果严格按照《证券法》中"非法公开发行股票罪"的规定,股权转让信息在互联网公布,就满足了"信息公开"的要件。由于 2015 年我国金融创新环境比较宽松,对"信息公开"的法律性质界定尚无定论,但其折射出的法律风险不可小觑。

---

①孙永祥,何梦薇,孔子君,等.我国股权众筹发展的思考与建议——从中美比较的角度[J].浙江社会科学,2014(8):146-151.

（二）模式创新风险

模式创新风险是指原创的商业发展模式过于创新或创新不足,脱离现实的社会经济状况,最终因发展瓶颈导致失败的风险。股权众筹作为一种去中心化、点对点的创新型互联网金融投融资模式,其涉及的主体与传统的股权转让程序存在极大差异,在提高融资效率的同时,也暴露出诸多创新引发的风险。首先,众筹平台根据创业者提交的商业计划书来审核其能否在平台上融资,并对融资项目进行一定的调查,帮助审核通过的项目公司确定发行价格和出让股权比例,但众筹平台无任何准入门槛和资质要求,其工作的专业性、科学性和合理性难以保证。其次,我国股权众筹采用"领投＋跟投"的运营模式,领头人代表众多"微股东"负责对创业项目的投后管理、监督以及通报公司的运营情况。由于投后管理是一个非常漫长的过程,领投人能否在资本退出之前始终尽心尽力履行职责是一个巨大的疑问。最后,互联网经济具有先发优势、马太效应、赢家通吃等特性,股权众筹平台经过"野蛮"生长阶段之后,必将重新洗牌,绝大多数规模较小的众筹平台将被兼并或关闭。在这个波动阶段,股权众筹将释放出大量风险,投资人利益难以保障。

（三）道德风险

互联网金融的理念之一,就是实现全民共享的"普惠金融",即将那些有融资需求却因融资额较低或缺少收入证明、抵押担保而被排斥在商业银行和资本市场融资体系以外的小微企业纳入互联网金融体系中,对满足中小额贷款、微型企业的融资需求具有重要意义。但所有信息不对称市场中都存在同样的问题,即逆向选择和道德风险,它们也是制约互联网金融发展的重要因素。[①] 在股权众筹融资模式中,众筹平台取代传统中介并压缩和精简了传统金融市场烦琐的程序,融资的初创企业在财务审核和信息披露方面获得极大豁免,使初创企业

---

① 许荣,刘洋,文武健,等.互联网金融的潜在风险研究[J].金融监管研究,2014(3):40-56.

融资更加开放、自由和高效。但是保护投资者利益的制度还未完全跟上，众筹平台和初创企业均存在较大的道德风险。众筹平台的收入完全依赖于成功筹资的创业项目，平台收取费用的标准一般为项目融资总额的 5%。在经济利益的驱动下，缺乏合格项目的参照标准，又无监管约束，众筹平台极易在主观上降低创业项目上线门槛，放行更多项目进入众筹平台募资，同时，不能排除平台与融资企业之间存在内幕交易、关联交易，甚至是"自融"行为的可能性，如果不能有效消除平台的道德风险，必将导致"柠檬市场"现象，对股权众筹的健康持续发展产生巨大的冲击。同时，初创企业为了获得投资人的青睐，提高募资的成功率和公司估值，在项目的描述上将倾力包装，尽量回避项目的风险，采用一些极度乐观或是夸大和误导性的宣传以吸引投资者。当企业成功融资后，在追求自身利益最大化的强大引力下，又有部分必要信息无须披露的豁免庇护，企业很可能不按契约，擅自更改募集资金的用途或者违规使用资金，对投资者利益造成显著损害。

总结股权众筹存在风险问题的本质，不难发现主要是监管机制不健全所致，如果不能为股权众筹建立有效的监督机制，不但自身难以健康发展，影响正常的金融秩序，增加金融风险，而且对整个互联网金融发展也将产生严重不利的影响。

六、股权众筹融资监管的政策建议

面对股权众筹在我国发展中暴露出的一系列问题和风险，一方面要以乐观、包容的心态去面对，另一方面必须加快完善监管机制，引导行业健康发展。考虑到股权众筹的特殊性，要选择区别于传统金融机构的监管制度、监管主体和监管方式，在保持市场活力和有效控制风险之间实现平衡。

(一)尽快出台《股权众筹指导意见》，明确股权众筹主体监管措施

由于法律法规需要面对过去，创新则多着眼于未来，因此股权众

筹在各国或多或少与现存的法律法规存在冲突。在互联网金融浪潮面前,法律(尤其是刑法)不应成为扼杀互联网金融创新的"刽子手",而应成为促进互联网金融创新并防范互联网金融风险的重要工具,这是互联网金融时代的重大课题。① 实体经济的健康发展是设计整体金融制度的依据,正因为股权众筹对实体经济具有显著的推动作用,欧美国家纷纷出台法律法规扫除其法律障碍。在我国,股权众筹的法律定位并不明确,发展相对缓慢。② 但可喜的是,2014 年 3 月证监会在主观上承认股权众筹的合法性,将其纳入监管,并对股权众筹模式进行调研,适时出台股权众筹相关意见,股权众筹终于被明确归属于证监会监管。2015 年,全国各地有多个股权众筹平台开始筹建,为了防止我国股权众筹出现野蛮生长、恶性竞争甚至违规越界的局面,出台《股权众筹指导意见》已刻不容缓。西方经验表明,通过出台专门法律法规明确股权众筹的法律地位,规范和监管股权众筹投融资行为,既有利于降低股权众筹潜藏的信用风险,又有利于依法维护众筹平台的经营和金融稳定。就《股权众筹指导意见》的制度设计而言,应主要解决众筹平台运行规范、融资者信息披露及投资者的资格和保护等方面问题。对于众筹平台,应当建立平台的注册制度,明确平台的权利与义务,实行募集资金第三方监管,严格限制平台及其雇员以任何形式与融资人发生关联交易和平台的"自融"行为,以免丧失平台的独立地位;对于融资者,必须将整个创业团队人员的信用记录、其他融资记录和犯罪记录向投资者公开,并借鉴美国的做法,按融资额大小来确定融资企业的信息披露方式,尽可能在融资成本与投资者保护中实现平衡;对于投资者,应当建立特定的投资者门槛,执行严格的准入制度,限定普通投资者的投资金额和投资项目数,以尽可能地减少风险外溢。

(二)采用立体交叉监管方式,引导股权众筹健康发展

股权众筹依托互联网扎根于我国公开性证券融资体系的底部,具

---

① 刘宪权.互联网金融股权众筹行为刑法规制论[J].法商研究,2015(6):61-71.
② 刘宪权.互联网金融股权众筹行为刑法规制论[J].法商研究,2015(6):61-71.

有很强的基层辐射力与渗透力,平台数、项目数和投资人数呈现出多元化快速增长势态。世界各国对股权众筹平台的性质认识不一,但无一例外都对股权众筹平台或其运营人实施注册制或许可制,并对股权众筹平台可接纳的发行人或投资者设定了要求或限制,监管模式各有不同。① 在我国,股权众筹被划归证监会统一监管,但仅以证监会现有的力量很难实现对快速增长的股权众筹的有效监管。在这种情况下,证监会可以将部分监管权限下放到地方政府,赋予地方政府金融办部分监管权限,实行中央与地方统分结合的金融监管,这也符合国家金融发展规划。同时,从国外经验来看,美国的众筹平台也接受州政府和联邦政府的双重监管。但仅靠中央和地方政府的外部监管力量还不够,还需要建立股权众筹行业协会,让行业协会发挥内部监督作用,促进行业自律。因此,笔者认为对股权众筹可以尝试采用证监会、地方金融办和行业协会三者立体交叉监管。在三者职责分配上,证监会主导制定股权众筹的监管规则与制度,制度制定应采用审慎兼顾包容的原则,既划定股权众筹业务的红线,又给予一定的创新空间,对募集资金超过一定金额或投资者达到一定数量的融资公司进行备案监管,还要加快股权众筹的公用信用数据库的建设,防止信用低劣者融资或同一项目重复融资。地方金融办主要监督众筹平台合法经营和切实履行信息中介的职责,主导平台核查融资企业是否按规定客观、真实和准确地进行信息披露,当投资者的利益受到损害与平台和融资者发生纠纷时,应采取切实措施保护投资者的利益。地方金融办还应帮助发展良好的融资项目与四板或三板市场的对接,为投资者资本退出创造便利。行业协会在政府监管制度的指导下,对股权众筹平台执行行规行约、各类标准的情况和经营作风进行严格监督,为平台成员提供财务和法律援助,以提高平台成员的专业能力和服务水平,同时,行业协会要充分关注社会舆论,对创新过程出现的明显弊端,应利用行业协会修订行规行约相对灵活的特点,及时改正,杜绝同类问题再次发生。

①樊云慧.股权众筹平台监管的国际比较[J].法学,2015(4):84-91.

(三)构建替代性纠纷解决机制,保护投资者利益

股权众筹的价值在于使初创企业能以较低成本进行权益性融资,从而使国家实体经济发展获得源源不断的动力。但是,股权众筹几乎不存在对初创企业的财务审核和信息披露要求,一旦融资者发生道德与法律风险,将严重损害投资者利益,众筹平台多会以信息中介自居,以投资者后果自负为由,极力推脱。因此,在融资者信息披露严重不足的情况下,投资者在利益损失的认定、举证、计算与追偿等方面都比较困难,维权成本极高,多数小额投资者选择放弃维权,从而对股权众筹丧失信心,最终推高股权众筹的融资成本,导致市场萎缩。替代性纠纷解决机制(alternative dispute resolution,ADR)是一种有效降低利益受损方维权成本的机制,20 世纪 60 年代起源于欧美法院,用于争议双方诉讼之前的调解,若调解不成,再行起诉。拒绝的一方当事人如果没有得到比调解结果更有利的判决,则要承担拒绝调解以后对方的所有诉讼费用及附加利息。ADR 作为调解社会矛盾的重要工具,以多元组织参与社会矛盾调解为特征,充分体现了国家与社会共同有效治理社会的内涵,也反映了公民参与公共事务的实质。这一制度在多元化社会中起着不可替代的作用。[①] ADR 实现了对诉讼与非诉讼纠纷解决机制的有机结合,具备灵活解决纠纷的功能,所以笔者认为其非常适用于股权众筹这种多元化的利益带来的冲突以及因制度未确定而产生的混乱与无序的新型的现代型纠纷,既能有效降低投资者的维权成本,又能提高维权效率。要想构建好股权众筹的 ADR,应当做好以下三个对接工作:一是机构对接。证监会应主导成立由证监会、人民法院、行业专家、协会专家和社会第三方观察员组成的调解委员会。二是程序对接。当投资者与众筹平台和融资人发生纠纷时,协商无果后,可以由调解委员会进行调解。三是效力对接。经投资者、众筹平台和融资者三方签署的调解书与法院判决书具有同等法律效

---

①彭勃,陶丹萍.替代性纠纷解决机制本土化问题初探[J].政治与法律.2007(8):71-75.

力,投资者持有已生效的调解协议向证监会或人民法院申请支付令的,证监会和人民法院必须支持和协同执行。

(四)加强投资者教育,树立科学的投资理念

股权众筹作为小微企业的种子期权或天使轮权益融资,是一种结合技术、管理与创业精神的特殊投资方式,具有周期长、流动性差、风险高的特征,其投资理念、风险控制与股票投资有着本质的区别,广大投资者对其还比较陌生。因此,加强投资者教育,帮助投资者真正理解股权众筹,强化风险意识,树立科学的投资观念,理性参与股权众筹投资,意义重大。做好这项工作,一要坚持正确的舆论导向。监管层应积极利用多种媒体和渠道,使用喜闻乐见的形式要让投资者了解股权众筹的重要作用和广阔的投资前景,更要让其认识到可能遇到的各种风险。二要突出众筹平台的宣教功能。平台可使用视频或动画的形式,结合典型案例,穿插股权众筹的基础知识、法规政策、交易流程、风险特征,特别是最容易产生风险的环节,使广大投资者真正提高认识,获得启发和教益。三要强制执行投资下单前的警示与下单后的冷却操作流程。在投资者下单之前,要求众筹平台在醒目的位置设置诸如"在对创业项目缺乏基本判断前,不要草率投资、盲目参与,投资本金有可能100%亏损"之类的警示语,下单后给投资者一定的投资冷却期,在冷却期内投资者具有无条件撤单权。[1]

第二节　我国股权众筹的现实困境与未来展望

一、众筹融资与股权众筹

众筹融资(crowding funding)由美国学者 Michal Sullivan 在 2006

---

[1]邱勋,陈月波.股权众筹:融资模式、价值与风险监管[J].新金融,2014(9):58-62.

年提出并将其定义为群体性合作事项，人们通过互联网筹集资金，来支持由他人发起的项目。《中国金融稳定报告（2014）》将众筹定义为通过网络平台为项目发起人筹集从事某项创业或者活动的小额资金，并由项目发起人向投资人提供一定回报的融资模式。虽然世界上第一个众筹网站——美国的 ArtistShare 早在 2001 年就已上线，但直到2008 年，众筹模式才引起人们的普遍关注。根据 Massolution 公司的研究报告，2009 年全球众筹融资额仅 5.3 亿美元，2011 年则快速上升至 15 亿美元；2007 年，全球众筹融资平台不足 100 个，到 2012 年上半年已有 450 多个。[①] 在国际上，众筹主要分为公益众筹、奖励众筹、债权众筹和股权众筹，其中股权众筹作为一种项目融资方通过众筹平台出售股份，集合众多个人投资者小额投资，以支持其创业经营的新型权益融资模式，能有效支持和促进小微企业的发展，受到各国政府的关注和推动，其中也包括中国。当然，作为一种创新性的股权融资模式，股权众筹在发展中难免遇到各种现实困境。股权众筹能否克服种种困境，迎来行业复苏发展的转折受到社会各界的关注。

二、我国股权众筹的发展历程

（一）蹒跚起步发展阶段（2011—2013 年）

股权众筹起源于欧美。在这一阶段，作为一种初创企业的新兴的互联网融资工具，股权众筹在欧美已初具规模，涌现出 AngelList、CrowdCube、FundersClub、SeedUps 等一批知名的股权众平台，对促进初创企业融资、活跃经济、繁荣市场的作用日益显著。在国际示范效应下，2011 年股权众筹被引入中国，创投圈和天使汇两家股权众筹平台的上线标志着股权众筹在中国开始萌芽。但是，我国股权众筹领域的监管尚属空白，其与非法集资和擅自发行债券之间的界限非常模糊，而且业务活动的各项基础设施也非常薄弱。对比欧美，中国股权

---

① 肖本华.美国众筹融资模式的发展及其对我国的启示[J].南方金融，2013(1)：52-56.

众筹的发展环境存在较大差异，比如英国和美国不仅出台了专门的法律和监管规则给予股权众筹明确的法律地位，而且具有比较完善的征信体系、合格投资人的认定制度、投资人利益保护体系和灵活的退出机制等等。尽管如此，在巨大的民间投融资需求和广阔的潜在市场前景的驱动下，我国股权众筹不断地蹒跚探路，并在与相关政策和法规的博弈中缓慢发展。根据清科研究中心统计，截至 2013 年末，我国共有 7 家上线运营的股权众筹平台，成功融资 2.7 亿元。

（二）宽松迅猛发展阶段（2014 年—2016 年 9 月）

2013 年，在我国深化改革和大力发展普惠金融的大背景下，互联网金融获得包容、宽松的发展环境，网络借贷、股权众筹等互联网金融核心业态在我国快速兴起。2014 年，"促进互联网金融健康发展"首次被写入政府工作报告，由于股权众筹对拓宽小微企业融资和促进实体经济发展有积极作用，被认定为我国多层次资本市场的重要组成部分，证监会也开始对股权众筹模式进行调研，并着手制定其发展监管意见。随后，鼓励股权众筹发展的相关监管政策和措施陆续出台。2015 年，国务院印发的《关于发展众创空间推进大众创新创业的指导意见》《关于大力推进大众创业万众创新若干政策措施的意见》《推进普惠金融发展规划（2016—2020 年）》和央行等十部委印发的《关于促进互联网金融健康发展的指导意见》四个文件中都提出要鼓励股权众筹融资的规范发展，增强股权众筹服务小微实体的融资作用，促进普惠金融发展。

我国股权众筹因包容、宽松的发展环境得到了迅猛的发展，从 2011 年的 2 家发展至 2016 年上半年的 114 家，2016 年上半年融资规模达到 32.15 亿元，总投资人次达到 3.34 万人次，整个行业达到繁荣的顶峰。尽管我国股权众筹在这个阶段发展蓬勃，但其性质却演变成"互联网非公开股权融资"。中国证券业协会 2014 年 12 月发布的《私募股权众筹融资管理办法（试行）（征求意见稿）》把股权众筹定义为的私募股权众筹，但 2015 年 7 月央行等十部委印发的《关于促进互联网金融健康发展的指导意见》则把股权众筹定义为通过互联网形式进行公开小额股权融资的活动,否定了"私募股权众筹"的定义。不久,2015 年 8 月证监会印发的《关于对通过互联网开展股权融资活动的机构进行专项检查的通知》指出股权众筹具有"公开、小额、大众"的特征,涉及社会公众利益和国家金融安全,必须依法监管,未经国务院证券监督管理机构批准,任何单位和个人不得开展股权众筹融资活动。因此,我国的股权众筹平台纷纷都将自身改称为"互联网非公开股权融资"平台。

(三)低迷萎缩发展阶段(2016 年 10 月—2019 年 12 月)

2016 年上半年,互联网金融的风险开始暴露。2016 年下半年,监管层开始对互联网金融行业进行风险专项整治。2016 年 10 月,国务院办公厅印发《互联网金融风险专项整治工作实施方案》,明确指出 P2P 网络借贷和股权众筹是专项整治的重点。同月,证监会等 15 个部门联合印发了《股权众筹风险专项整治工作实施方案》,该方案的目标是规范互联网股权融资行为,惩治通过互联网从事非法发行证券、非法集资等非法金融活动,明确提出八个重点整治的行业行为和六项严禁开展的业务活动,比如合格投资者的标准应当符合《私募投资基金监督管理暂行办法》的规定、平台上的融资者未经批准不得擅自公开或者变相公开发行股票、不得采用网络等公开方式或变相公开方式向社会公众发行股票等等。面对《股权众筹风险专项整治工作实施方案》的严格监管,任何一家"互联网非公开股权融资"平台都面临或多或少的政策风险,许多中小平台因风险暴露纷纷倒闭或转型。为规避风险,一些知名的"互联网非公开股权融资"平台纷纷暂停业务活动,比如阿里巴巴旗下的蚂蚁达客、京东金融旗下的京东东家等。仍在开展业务活动的平台,也是在不确定的发展环境下通过不断提高自身合规水平和综合投融服务能力努力存活。图 5-2 和图 5-3 中,股权众筹平台数量、成功项目数量、成功融资规模和总投资人次都出现大幅下滑。根据中国互联网金融协会的统计,截至 2018 年末,正常运营的互联网股权融资平台已不超过 35 个。所以,股权众筹行业仍处于低迷和萎缩发展状态。

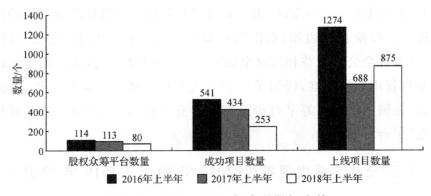

图 5-2　2016—2018 年我国股权众筹

行业平台数量、成功项目数和上线项目数量

数源来源:众筹家。

图 5-3　2016—2018 年我国股权众筹

行业成功融资规模与总投资人次

数源来源:众筹家。

三、我国股权众筹的现实困境

(一)行业法律地位亟须明确

股权众筹通过互联网平台面向大众进行融资,核心特征是小额、公开,即通过降低融资额度,达到汇聚规模资金的融资目的,其本质是公开发行股份,属于涉众股权融资行为。股权众筹阳光化乃大势所趋,相应的监管规则也呼之欲出。为确保股权众筹的有效规范运行,我国必须充分借鉴发达国家立法经验做好相应的制度设计,坚持投资者保护与促进资本形成的基本原则。① 无论是国内还是国外,对涉众股权融资行为都有专门的立法对其进行严格要求和监管。我国《证券法》《刑法》和《最高人民法院关于审理非法集资刑事案件具体应用法律若干问题的解释》都对违规发行证券行为规定了具体的处罚措施。严格来讲,我国的股权众筹行业无法规避上述法律和政策风险。虽然,在2015年之后,股权众筹平台都以"互联网非公开股权融资"名义开展业务,通过认证投资人成为"合格投资人"实现非公开股权融资。如果根据监管要求,严格按照《私募投资基金监督管理暂行办法》"投资单个融资项目的最低金额不低于100万元人民币的单位或个人,其中,单位的净资产不低于1000万元人民币,个人的金融资产不低于300万元人民币或最近三年个人年均收入不低于30万元人民币"的要求进行审核,则我国"互联网非公开股权融资"平台对"合格投资人"的规定都无法达到监管要求。所以,股权众筹的法律地位不明确是导致市场参与各方主体信心不足、行业处于整体萎缩困境的最根本原因。

(二)行业监管规则亟待完善

实体经济的健康发展是设计整体金融制度的依据,股权众筹对实体经济,特别是小微企业的融资成长具有显著的推动作用,西方国家纷纷出台法律法规扫除法律障碍并制定相应的落地业务管理细则就是因为发现了股权众筹在这方面的重要作用。我国股权众筹行业以互联网非公开股权融资中介机构的形式存在。2018年12月,中国互联网金融协会发布了《互联网金融信息披露互联网非公开股权融资》的团体标准,标准规定了互联网非公开股权融资活动各参与方信息披

---

① 袁康.资本形成、投资者保护与股权众筹的制度供给——论我国股权众筹相关制度设计的路径[J].证券市场导报,2014(12):4-11.

露的基本原则、具体内容和要求。但是,这只是团体标准,算不上监管细则。一方面,互联网协会并不是行业的强制监管主体;另一方面,互联网非公开股权融资只是股权众筹主体在特殊阶段下的权宜之举。所以,我国股权众筹行业缺乏清晰、明确的监管细则。比如,参与各方主体的权责、合格投资人的认定标准、资金存管方式、信息披露标准、投资人权益保护等等。对我国股权众筹来说,明确的法律主体是"神",完善的监管细则是"形",行业只有"神形兼备",才能走上有法可依、有规可循的可持续发展道路。有学者指出,我国股权众筹相关法律规范应借鉴集资门户这一制度设计,在平衡兼顾各方主体利益的基础上,对众筹平台的经营行为进行规范化管理,尽快结束目前我国众筹平台的无序经营状态。[①]

(三)行业基础设施有待健全

金融基础设施对任何一项金融业务的顺利开展都至关重要。股权众筹作为一种新兴金融业态迫切需要健全的基础设施服务。股权众筹在资金存管结算和征信服务方面均面临挑战。根据中国互联网金融协会 2017 年对互联网股权融资行业的专项调查,设立银行资金存管的平台占 28.6%,建立第三方支付资金存管的平台占 60.0%,尚未实施资金存管的平台占 11.4%。有些传统商业银行和第三方支付机构认为股权众筹平台的法律地位不明确,从合规角度考虑不愿对接平台的资金存管和清算结算业务,即使有些愿意为股权众筹平台提供资金服务的银行和第三方支付机构,在收费方面也偏高,这也是一些股权众筹平台尚未实施资金存管的原因。在征信体系方面,则存在严重缺失问题,对融资方在融资前进行项目欺诈、融资后进行不当管理与使用、信息披露不当、股权众筹平台串通项目融资方进行联合欺诈、尽调和管理失职、在"领投＋跟投"模式中领投人不负责和不作为等都没有相应征信制度和体系进行记录和约束。如果领投人与募资人恶意串通,跟投

---

①刘明.美国《众筹法案》中集资门户法律制度的构建及其启示[J].现代法学,2015(1):149-161.

人将面临合同欺诈的巨大风险,而其通过法律程序维护受损利益的成本也比较高。[①]　所以,基础设施的不健全容易滋生和诱发道德风险,将导致"柠檬市场"现象,这也是股权众筹未来健康发展面临的主要问题。

(五)行业风险教育仍需加强

股权众筹主要作用于初创企业在种子轮或天使轮次的权益性特殊投融资,具有周期长、流动性差、风险高的特征,其投资理念、风险程度与公开市场证券投资有着本质的区别,是金融科技时代下的新型高风险金融产品。我国的投资人群基数庞大,投资人的知识素养和金融认识参差不齐。一方面,在客观上投资人对股权众筹风险识别、风险评估和风险承受存在较大偏差且在整个业务活动中处于最弱势的地位;另一方面,融资人占有信息优势,在没有有效的约束机制下容易产生逆向选择风险和道德风险,损害投资人的利益。在这种情况下,行业风险教育就显得十分必要。但是,股权众筹平台在面向投资人时更多地强调高收益预期,背后的高风险告知和教育明显不足。因此,从行业的长远发展考虑,平台和全社会都需要投入人力、物力和财力进行股权众筹相关知识科普,让整个行业能尽快理性地成熟起来。

四、我国股权众筹的未来展望

(一)法律定位和性质明确可期

服务并促进实体经济发展是所有金融产品和服务存在的根本。显然,股权众筹的发展契合"增强金融服务实体经济能力"和"提高直接融资比重"的新时代使命,有利于缓解中小微企业融资难、融资贵困境,有利于推进大众创业、万众创新,有利于国家创新驱动发展战略的

①钟维,王毅纯.中国式股权众筹:法律规制与投资者保护[J].西南政法大学学报,2015(4):19-26.

实施。虽然我国股权众筹当前的法律定位尚不明确,行业发展也处于低迷甚至萎缩状态。但根据证监会 2018 年、2019 年连续两年发布出台《股权众筹试点管理办法》的计划,说明股权众筹法律定位明确是非常值得期待的,一旦《股权众筹试点管理办法》出台,股权众筹行业的发展将迎来里程碑式的转折点,股权众筹面临的核心障碍将必扫除,市场信心将大幅提振,行业将被重新注入活力。

(二)监管规则和制度逐步完善

西方经验表明,监管规则和制度的完善,既有利于降低股权众筹潜藏的信用风险,又有利于依法依规维护众筹平台的健康发展。虽然,我国股权众筹的监管规则和制度处于起步阶段,但随着《股权众筹试点管理办法》的出台,行业的具体细则也将同步建立,行业的信息披露、资金存管、平台备案、退出标准、合格投资人认证、资金存管、信息保存和欺诈惩罚将落地实施,征信体系、存管机构、股权转让体系和行业激励政策等一系列基础设施也将陆续健全。在此背景下,股权众筹的风险将得到有效防控,行业规范发展态势将更加明显,股权众筹将进入一个规范化和专业性的全新发展阶段。

(三)行业格局集聚和壁垒持续抬高

在政策和市场多重因素作用下,股权众筹行业经历了萌芽期、爆发期和洗牌期。在经历近三年的艰难洗礼后,伪平台、乱平台和弱平台或被迫转型或倒闭淘汰出局,市场份额进一步向实力较强的优质平台集中,行业会呈现出头部集聚的格局,因此存活下来的平台的综合实力和竞争优势将进一步加强。一旦行业法律风险消除,监管政策明确,行业发展迎来转折点,行业中的优质平台就能凭借互联网的马太效应和长期积累的强大核心竞争力进一步巩固自身市场优势,行业的进入壁垒也将持续抬高。处于观望状态或已暂时退出市场的股权众筹平台,如果自身没有强大的综合影响实力和资源整合能力,将很难在行业复苏后继续生存。

（四）平台生态和模式创新扩展

股权众筹平台为了生存和发展，必须适应政策变化和市场需求不断探索和调整业务模式和商业模式。从历史经验来看，生态体系匮乏和商业模式单一的股权众筹平台都难以持续生存和发展。2019 年之后，正常运营的股权众筹平台呈现出基于打造生态圈来构建多种商业模式的发展路径，通过创投产业链的价值全生态扩展，形成从项目发现、孵化、融资到培育、交易、退出的闭环通道，构建完整的创投生态，在创投生态种寻找、建立并不断地迭代商业模式。比如，通过各种移动应用工具和社交媒介，打通原有/既有生态资源，导入应用场景，构建投融社群，全方位地发掘、吸引和凝聚领投人、跟投人和融资人并支持项目快速发展，同时，积极主动与国内外各类交易市场建立衔接，尽可能打通更多的股权退出通道，提升股权流动性。

（五）行业改造和升级科技化

随着云计算、大数据、人工智能、区块链技术、5G 通信、移动互联等新兴信息技术应用的不断普及，越来越多的股权众筹平台开始积极探索和尝试将新兴信息技术深度融入股权众筹的全链条业务流程之中。① 大数据分析和人工智能技术可以帮助平台和投资人以自动和智能的方式进行融资人信用评估、项目前景预测、投前尽调、财务分析和投后跟踪管理，区块链技术可以帮助各参与主体高效完成投中合同签订、投后文档保真、争议解决和自动清算等，让参与各方通过移动终端设备实现简化流程、智能交互、远程协作，大大提高效率和降低成本。可以肯定，股权众筹与金融科技的深层次融合将越来越紧密，在科技驱动下，股权众筹行业将逐步得到优化和升级，朝着投融资过程透明规范、投融资流程简便高效、投融资协作智能快捷、融资欺诈有效减少的目标方向发展。

---

① 邱勋，周雷，高泽金. 网络借贷与股权众筹［M］.北京：中国金融出版社，2020：98-115.

第六章

网络借贷

第六章

网络借贷

本章主要研究讨论"我国 P2P 网络借贷大雷潮"和"个体网络借贷监管政策演变与未来发展"两个问题。

　　第一个问题的研究背景是我国的个体网络借贷行业在 2018 年 6 月爆发了大雷潮,受到社会各界和政府的高度关注。杭州是本次网贷大雷潮的暴风眼和重灾区,本章以杭州为研究网贷大雷潮的典型样本和切入视角,对我国个体网贷发展历史进行了回顾,然后剖析了引发网贷大雷潮的原因,归纳出网贷大雷潮的特征,并提出地方监管优化和升级的七大对策。

　　第二个问题的研究背景是个体网络借贷作为舶来新金融业态,伴随着争议声在中国生根发芽并在互联网金融热潮期野蛮发展。个体网络借贷在 2018 年发生了"大雷潮",其属性本质和存在价值受到广泛质疑。本章基于个体网络借贷国家监管政策演进视角,通过分析网络借贷机构的属性本质变迁,客观理性地论证个体网络借贷转型的可能路径,并认为中国个体网络借贷将逐步清零。但是,随着区块链技术的发展,我国社会征信体系将逐渐完善,个体网络借贷可能再次兴起,并真正成为个人和机构的重要投融资方式。

第一节　个体网络借贷大雷潮的原因、特征及监管对策

一、中国个体网络借贷行业的发展历史

(一)刚性兑付,埋下危机的种子

个体网络借贷(peer-to-peer lending),也称为 P2P 网络借贷(本章简称网贷),是指个体和个体之间通过互联网平台实现直接借贷。P2P 是依托于网络而形成的新型金融服务模式,性质上属于小额民间借贷,其方式灵活、手续简便,为个人提供了新的融资渠道和融资便利,是现有银行体系的有益补充。① 网贷 2005 年起源于英国,中国第一个网贷平台拍拍贷于 2007 年开始运营。拍拍贷模仿美国 Lending Club 的运营模式,由出借人自担投资风险。2009 年,中国第二个网贷平台红岭创投开始运营,采用平台担保本息刚性兑付的运营模式,受到出借人的欢迎,没有刚性兑付的网贷平台逐步被出借人抛弃,导致正常经营的头部网贷平台都是"隐性"的刚兑平台。但是,平台的刚性兑付让平台成为信用中介,埋下危机的种子。

(二)野蛮发展,风险敞口巨大

2013 年,互联网金融获得政府认可,网贷获得了明确的法律地位。由于当时网贷处于"无门槛、无标准、无监管"的状态,网贷平台良莠不齐,一路无序野蛮发展到 2015 年,此时的平台成为全牌照的神奇

---

①钱金叶,杨飞.中国 P2P 网络借贷的发展现状及前景[J].金融论坛,2014(1):55-56.

金融中介,标的资产从高息活期理财,到规模上亿元的地产融资,再到海外资产配置,甚至还有高风险的股票期货配资,让人眼花缭乱、瞠目结舌。网贷的疯狂发展导致行业风险敞口急剧扩大。在2015年底终于发生了震惊全球的涉案金额高达762亿元的"e租宝"资金诈骗案,给115万投资人造成了严重的财产损失。"e租宝"之类的平台在设立之初便没有明确的资金投向,存在高息吸储非法占有,容易掩盖非法集资的灰色内幕。事实证明,"e租宝"的大部分网络平台集资未用于真实的生产经营投资活动,投资者的识别难度较高。[①]

(三)合规监管,加速行业出清

2016年,网贷"1+3"监管框架体系形成,行业进入有序监管时代。监管部门更希望通过以时间换空间的方式使辖区内的平台慢慢出清以实现行业风险出清软着陆。但事不由人,网贷的外部宏观环境急转直下,对网贷的流动性产生负面作用,受出借人注目的四大高返伪P2P问题平台陆续倒闭,从中受损的出借人数量节节攀升,诸多认真经营的平台也因行业恐慌相继出现资金链断裂问题,整个行业岌岌可危,大雷潮一触即发。

(四)内乱外紧,引发行业雷潮

2018年6月,网贷平台备案最后时间节点被监管层延期,导致诸多出借人对网贷前景产生了严重的模糊性,纷纷撤资逃离网贷,如图6-1所示。

在内部混乱失序和外部环境日趋恶劣的双重压力下,网贷大雷潮全面爆发,平台开始大面积爆雷,持续至2018年12月。根据网贷之家的统计数据,大雷潮期间共出现569个问题平台,其中369个平台停业或转型,2018年问题网贷平台涉案资金高达1434.1亿元,涉及借款人数157.8万人,人均损失资金超9万元,如表6-1所示。

---

①乔鹏程. 回归金融本质:互联网金融创新与"e租宝"案[J].财经理论与实践,2018
(1):19-26.

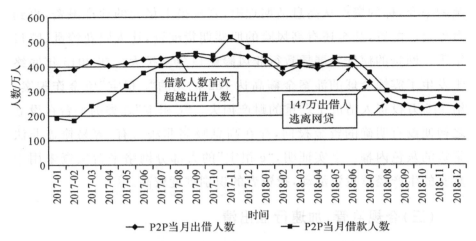

图 6-1 2017—2018 年网贷平台当月出借人数和借款人数

数据来源：Wind、网贷之家。

表 6-1 历年问题网贷平台统计情况

时间	问题平台数/个	停业及转型平台数/个	涉及出借人数/万人	涉及贷款余额/亿元
2013 年及之前	81	13	1.6	16.2
2014 年	301	37	4.7	52.2
2015 年	865	426	20.9	99.5
2016 年	566	1155	18.2	98
2017 年	223	500	12.2	66.5
2018 年	669	610	157.8	1434.1

数据来源：Wind、网贷之家。

二、网贷大雷潮的典型样本城市：杭州

2018 年网贷大雷潮中，问题平台最多的地区是浙江，共有 211 个，远高于其他地区，成为本次大雷潮的中心，如图 6-2 所示。同时，浙江地区的网贷平台综合实力排在北京、广东、上海地区之后，远强于排在后面的江苏地区，如表 6-2 所示。

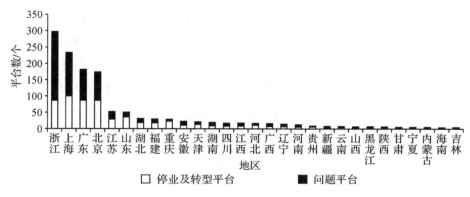

图 6-2　2018 年网贷问题平台与停业平台的地域分布

数据来源：2018 年中国网络借贷行业年报。

表 6-2　2014—2018 年不同地区网贷平台综合实力比较

项目	广东	北京	上海	浙江	江苏	全国其他地区
正常运营平台数/个	439	361	286	255	87	213
成交量/亿元	334.74	353.17	277.95	181.11	28.29	35.29
出借人数/万	68.09	100.71	41.50	29.11	3.34	2.68
借款人数/万	57.19	108.86	131.23	28.41	2.11	7.42
贷款余额/亿元	953.75	1940.85	1353.80	482.56	142.42	126.15

从数据上看，浙江的网贷平台要少于北京、广东、上海地区，从体量上来看不应该成为危机的中心。浙江网贷平台绝大多数位于杭州，根据公开数据，截至 2018 年 12 月 31 日，浙江省累计上线 570 个网贷平台，其中杭州 312 个，占 54.7％。浙江省 79 个正常运营的网贷平台中有 58 个位于杭州，占比达到 73％，如图 6-3 所示。杭州网贷平台的成交量、待还余额、出借人数和借款人数这四个网贷实力关键指标占全省总量的比重都超过 90％。浙江 2 个网贷上市平台和 13 个属于中国互联网金融协会的网贷平台的总部都位于杭州。毋庸置疑，杭州是浙江的网贷中心。在以往的网贷小危机中，杭州网贷也会随之动荡，但问题平台数量占全国问题平台总数的比重较低，影响也非常有限。可是，在 2018 年，互联网金融之都杭州却成为网贷大雷潮的暴风眼和重灾区，杭州地区的问

题平台高达 145 个,占大雷潮期间全国问题平台总数的近 30％,如图 6-4 所示。杭州网贷危机也接连被中央电视台新闻频道、各大媒体和公众号报道,受到全国的关注。由此可见,杭州是研究网贷大雷潮的典型样本,以杭州为切入视角,剖析大雷潮的产生原因,识别大雷潮的特征,然后为地方监管优化和升级提出策略,以打破网贷平台在发展中被危机裹挟的宿命,从而促进网贷的平稳健康发展,对维护地方的金融安全稳定具有十分现实的意义。

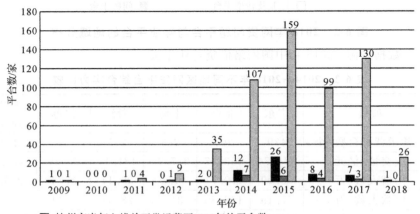

图 6-3　2009—2018 年浙江省网贷平台上线数与存活数

数据来源:Wind、公开数据资料整理。

图 6-4　2018 年 6—12 月全国、浙江省和杭州市问题平台数量

数据来源:Wind、网贷之家、公开数据资料整理。

三、基于杭州视角剖析网贷大雷潮的原因

网贷大雷潮中杭州有数十万出借人遭受巨大损失,共发生数十次出借人维权集会,数百家网贷平台倒闭。京、粤、沪地区平台也出现了大面积的崩塌。2018 年的 P2P 雷潮以事实证明了 P2P 网贷不仅没有消除反而加重了信息不对称问题,舆论和媒体对金融创新所持的盲目乐观态度也进一步助长了道德风险的发生。① 本书认为网贷大雷潮是多重因素共振的结果。

(一)行业本身偏离信息中介地位

抛开大量的诈骗平台来看,我国网贷行业整体上严重偏离信息中介地位,平台普遍或多或少地存在不合规性,自身异化成资金池、超级放款人、自融平台或对接高风险资金的信用中介。即使是少部分真正从事信息中介的平台,迫于竞争压力和生存压力,也会选择走信用中介道路。这主要是因为我国征信基础设施及投资人保护制度尚不完善,在这个特殊阶段出借人根本无法识别借款人风险,只能由平台承担出借人风险,网贷平台选择本息刚性兑付也是无奈之举。所以,不管是借网贷之名从事不合规借款活动的伪平台,还是真正希望从事信息中介的准平台,在本质上还是从事高杠杆金融业务且游离于监管之外的影子银行。大量平台因流动性紧张或逾期率失控且没有强大资本实力支撑无法兑付本息成为问题平台,这是行业最终爆发大雷潮的内因。在本次大雷潮中,杭州问题平台中有实缴资本的高达 82 个,且平均实缴资本达到 3707 万元,这些资本实力可以帮助它们度过以往的小危机,但在面对大雷潮时只能纷纷倒下。

(二)经济下行抬升金融体系风险

2013 年中国经济增速已经换挡并进入下行通道,GDP 年增长率

---

① 周宇.金融危机的视角:P2P 雷潮的深层形成机理[J].探索与争鸣,2019(2):109-116.

从2013年的7.6％降至2018年的6.6％。严峻的经济形势下,中国金融体系风险呈现上升趋势,商业银行不良贷款率从2013年底的1.0％上升至2018年底的1.89％,个人信用卡不良贷款总额从2013年底的331亿元上升至2018年9月881亿元,如图6-5所示。网贷本身是一种民间金融活动,必然也受到宏观大环境的负面影响,资产风险也在增加。网贷与传统机构也有交织,部分网贷出借人会利用银行信贷资金进行网贷套利,部分网贷借款人使用信用卡多头借贷。在2017年我国宏观去杠杆和2018年中美贸易战背景下,债市、股市和房市的波动加大,其中不乏网贷和信用卡资金流入股市、债市和房市,而这三个市场的价格波动一定程度上加剧了借款人的兑付风险,网贷平台风险也在快速积聚和上升。历史经验表明,信用卡逾期半年未偿还信贷总额增速快速抬升期也伴随着网贷或大或小的危机。杭州网贷在2018年经济下行环境中受到的冲击更为明显。杭州是互联网之都,存在大量互联网企业,也有大量互联网行业从业人员参与网贷活动,但在经济下行的冲击下互联网企业开始裁员或倒闭,这也间接地将大雷潮期间的杭州网贷平台进一步推向深渊。

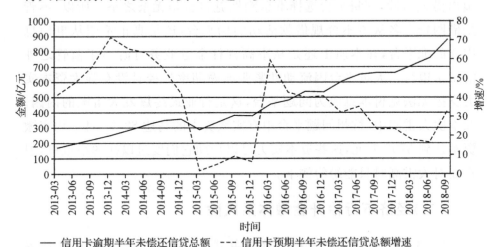

图6-5 2013—2018年信用卡逾期半年未偿还信贷总额及增速

数据来源：Wind、中国人民银行。

（三）货币政策转向流动性收紧

2008—2010 年底，我国采取了激进扩张的货币政策，开展了 4 万亿元经济强刺激运动，虽然短期内取得了瞩目的效果，但长期来看带来了诸多经济困扰。2013 年，我国货币政策不再采取大水漫灌模式，转而采取精准滴灌的稳健中性模式。在接下来的几年间，我国 M_2 增速开始逐步走低，同时又有条不紊地清理影子银行，包括网贷在内的银行体系外融资规模增速也快速放缓。2017 年，为防范系统性金融风险，央行开始强力去杠杆。强力监管让银行大量表外业务回表，新增人民币信贷占到了新增社会融资规模的绝大部分，M_2 的增速继续下行，社会流动性持续偏紧，整个金融行业的压力显现，包括网贷在内的其他融资渠道明显边缘化，整个网贷行业的资金也不断流出，交易规模大幅萎缩。由于绝大多数平台涉及借短放长、期限错配的自融或资金池业务，长期的流动性收紧成为引发网贷大雷潮的重要因素。根据图 6-6，M_2 的增速与问题平台占比呈现明显的负相关。另外，2018 年上半年的杭州网贷还有一个特殊失血点——摇号买房。杭州地方政府为了稳定房地产市场，对新房采取了限价销售模式，导致许多新房价格与附近二手房价格严重倒挂，通常一套 100 平方米的新房套利

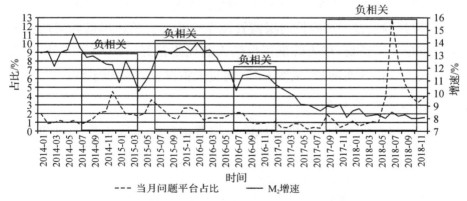

图 6-6　2014—2018 年 M_2 的增速与问题平台呈现负相关

数据来源：Wind、公开数据资料整理。

空间高达数百万元,所以政府要求开发商公开摇号销售新房,而开发商要求购房者达到验资门槛才能参与摇号。因此,诸多杭州本地网贷出借人抽回资金去参与无风险的巨额套利,削弱了杭州网贷大雷潮期间的抗风险能力。

(四)其他因素堆积引爆大雷潮

1.四大高返平台倒闭

2018年上半年,网贷界声名显赫的民间四大高额返利平台钱宝网、雅堂金融、唐小僧、联壁金融接连倒闭,使得网贷的混乱和高风险暴露无遗。虽然四大高返平台都是伪P2P网贷平台,但2017年11月钱宝网的率先倒闭极大地动摇了出借人对网贷的信心,出借人数在同月达到历史高点后开始一路向下(见图6-1)。出借人持续逃离也预示着大雷潮已近在咫尺。

2.高层监管领导喊话警示

2018年6月14日,银保监会主席郭树清在上海明确表示:"收益率超过6%就要打问号,超过8%就很危险,10%以上就要准备损失全部本金。"[1]而网贷平台年化收益都超过8%,绝大部分年化收益超过10%。7月9日,央行副行长潘功胜指出:"互联网金融风险是金融风险的重要方面,要用1—2年的时间完成互联网金融风险专项整治,化解存量风险,消除风险隐患。"[2]两位高层监管领导的喊话警示让出借人对网贷安全性产生严重质疑,极大降低了出借人的风险偏好。2018年6月,出借人首次大规模逃离网贷(见图6-1),网贷大雷潮正式拉开序幕。

3.网贷备案延期

《关于做好P2P网络借贷风险专项整治整改验收工作的通知》(以

---

①郭树清谈非法集资风险:收益率超6%需谨慎[EB/OL].(2018-06-14)[2020-16-18]. http://money.people.com.cn/n1/2018/0614/c42877-30059109.html.

②乘势而为 坚定不移 坚决打赢互联网金融风险专项整治攻坚战[EB/OL].(2018-07-09)[2020-16-18]. http://www.pbc.gov.cn/goutongjiaoliu/113456/113469/3573837/index.html.

下简称 57 号文)明确提出了最迟 2018 年 6 月底对网贷合规平台进行备案的安排。出借人和部分平台对获得监管层备案抱有强烈预期,但是预期落空,等来的却是没有明确备案日期的备案延期通知,引起了众多出借人的忧虑和恐慌,甚至对网贷发展前景产生忧虑,网贷又遭到了雪上加霜的打击,众多出借人恐慌性地逃离网贷,网贷大雷潮全面爆发。

四、基于杭州视角识别网贷大雷潮的特征

网贷大雷潮爆发之前,杭州还发生过 5 次小危机,如图 6-7 所示。但发生在 2018 年 6 月的网贷大雷潮,呈现出与以往小危机明显不同的特征。

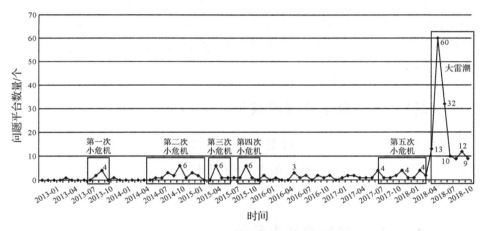

图 6-7　2013—2018 年杭州网贷危机概览

数据来源:Wind、网贷之家。

(一)问题平台数量激增

大雷潮期间,杭州问题平台数量激增,高达 145 个,特别是 2018 年 7 月,创下全国单月地区问题平台数量最高纪录,达 60 个,不但超过杭州历史问题平台总数,也超过大雷潮期间京、粤、沪任何一个地区的问题平台数,占当月浙江省问题平台数的 69.4%,占全国月平均问题平台数的 24.8%(见图 6-4)。

(二)问题平台背景多元

在前五次小危机中,杭州问题平台的背景都是单一的民营系。在本次大雷潮中,问题平台的背景明显呈现多元化,除了没有银行系背景的问题平台,其他背景都涉及,其中上市公司参股 3 个、国资控股 4 个,国资参股 20 个,风投系 10 个,民营系 108 个。这充分说明了网贷平台的隐形门槛非常之高。

(三)问题表现多样

杭州问题平台的问题表现也呈现多样化特点,其中 47 个平台提现困难,12 个平台跑路,53 个平台被经侦介入,10 个平台关闭网站,23 个平台延期兑付。而在以往的小危机中,问题平台罕见被经侦介入和延期兑付的情况。

(四)问题平台运营时间很长

杭州问题平台上线时间主要分布在 2012—2018 年,时间分布跨度之大前所未有。问题平台的平均存活时间为 23.6 个月,远远长于以往 5 次小危机中 12 个月的平均存活时间。

(五)问题平台综合实力较强

杭州问题平台虽然仍以民营背景为主,但其他背景问题平台比例显著提升,平均注册资本达 5757 万元,有实缴资本记录的高达 82 家且平均实缴资本达到 3707 万元。而在以往 5 次小危机中,问题平台平均注册资本仅 3100 万元,有实缴资本记录的只有 6 个且平均实缴资本额仅 1200 万元,这说明大雷潮期间出现问题的平台的综合实力确实较强。

(六)问题平台运营呈现规范化趋势

杭州问题平台中,有 122 个具有 ICP 证,占所有问题平台的81.4%,46 个开展了银行存管业务并取得 ICP 证书,占所有问题平台的 31.7％。这说明在监管合规推进下,行业已经摆脱无序野蛮的发展模式,问题平台也明显呈现规范发展趋势。

(七)平台保障模式丰富

在此次大雷潮中,杭州问题平台中有 103 个平台在网站上明确为出借人提供本息保障,占所有平台的 71％,保障模式包括小贷公司、非融资性担保公司、融资性担保公司、保险公司、平台垫付、保理公司、融资租赁、担保企业承担保证责任还款等,与以往问题平台保障模式相比,不但更加丰富而且更加多元。

(八)平台标的资产流动性仍然偏弱

在此次大雷潮中,杭州只有 15 个问题平台为出借人的投资标的提供债权转让,占所有平台的 10％,与以往小危机相比没有明显变化,这说明此次大雷潮中问题平台的资产流动性和系统管理能力并没有得到实质性的提高。

五、地方监管优化的对策

网贷大雷潮的发生并非偶然,是多重因素长期共振的结果。网贷大雷潮之前多次小危机其实已经发出明确的危险信号,但监管层错失多次防范大雷潮良机,这也说明网贷监管模式存在巨大不足。而网贷真正的监管主体是各地方监管主体,未来网贷要实现稳定、健康和持续发展,地方监管策略的升级和完善是关键。

(一)留大清余设高门槛

此次网贷大雷潮清晰地证明了按一般纯信息中介模式去监管网贷存在很大缺陷。网贷平台是准金融机构,与一般中介机构存在本质不同。一般中介机构在撮合交易时,交易双方在中介的安排下会面对面地沟通并充分了解交易对手和标的信息,双方在线下多次交互中消除了诸多信息不对称引起的顾虑,如房产中介、婚姻中介等等。一般中介机构在撮合成功之时，就是双方完成价值交换之际，中介服务不存在时间和空间的跨越性。可是，网贷业务是一种金融活动，业务不但存在时间和空间的跨越性，而且风险都是滞后发生。按照监管规定，出借人要自己承担出借风险。但是，在网贷交易过程中，平台要保护借款人隐私，出借人既无法与借贷人见面，也无法辨别借款人信息的真实性和准确性，所以借款人很难识别网贷交易风险。出借人在平台出借的唯一原因就是信任平台，而不是信任借款人。如果平台无法为出借人持续地获得预期收益，将失去出借人的信任，最终无法存活。所以平台要持续发展，只能选择给出借人本息兑付，这也是国内头部大平台选择"隐性"刚兑给出借人的根本原因。地方监管主体要充分认识网贷平台准金融中介的本质，在未来只有背景雄厚、实力强大、风控稳健的平台才有机会存活下来，所以保留少数合规度较高的正常运营的综合实力强大的平台即可，争取良性清退其他平台。对未来新增平台，则要大幅提高门槛，至少按照准金融机构要求，在股东背景、实缴资本、团队结构和风险能力方面进行严格要求和审核。

（二）短期促降长期控增

中国网贷交易规模在 2017 年达到 28048 亿元，是美国 Lending Club 和 Prosper 两家平台交易规模之和的近 11 倍，是英国 P2PFA 成员平台交易规模的近 100 倍。但在这光鲜的背后，是乱象丛生，平台罔顾风险和问题，都试图将自身做成大而不能倒的"巨无霸"平台。如果以平台贷款余额与实缴资本金之比为杠杆率，大多数平台的杠杆率已超过 30 倍。比如，根据中国互联网金融协会（下称互金协会）信息平台披露的数据，杭州问题平台"鑫和汇"在 2018 年 9 月出问题时杠杆率高达 49 倍，"十六铺金融"在 2018 年 7 月出问题时杠杆率高达 38 倍。网贷业务本质仍是金融活动，但是中国金融机构都有杠杆限制，商业银行最大杠杆倍数为 25 倍，消费金融公司最大杠杆倍数为 10 倍，网络小贷公司最大杠杆倍数为 3 倍。而网贷平台却没有资本金和杠杆率限制，导致很多平台罔顾风险，盲目扩张，试图以"大而不能倒"的方式要挟监管求生。试想一家杠杆率达 100 倍的平台,即使业务真实且合法,一旦坏账率上升 1%,就会吞噬平台全部的实缴资本金,其中风险可想而知。2019 年 1 月,互金整治办下发了《关于进一步做实 P2P 网络借贷合规检查及后续工作的通知》(下称 1 号文),对还在经营的平台明确提出了"三降"要求,即投资者数量、业务规模以及借款人数都要实现下降。地方监管部门在短期内要严格对平台"三降"进行督促,长期看即使是少数平台备案成功,也要制定以平台杠杆倍数为锚,结合宏观经济周期形势,把平台成交量的增长率控制在一定幅度内的措施,作为防范网贷风险的先手。

(三)投资人适当性管理

网贷属于低门槛固定收益理财产品范畴,但相较于银行定期储蓄、货币基金、债券,网贷的投资预期收益最高,当然风险也最高,甚至不亚于股权、期货、期权等高风险投资品的风险。高风险是因为出借人到期能否收回预期本息完全取决于平台的风控水平和资本实力。在投资期限到期之前,平台风控失效、卷款跑路、运营倒闭、警方介入等情形都有可能导致出借人本金发生重大损失,甚至血本无归。即使出借人对平台了解非常充分,但金融活动深受宏观大环境影响,在遇到"黑天鹅"事件或"灰犀牛"危机时,大型稳健的平台也存在倒闭的可能性。普通投资人作为出借人盲目参与网贷投资面临风险之高可想而知。虽然监管规定中明确要求平台应当根据风险评估结果对出借人实行分级管理,设置可动态调整的出借限额和出借标的限制。但在实际运营中,出借人只要形式上完成了平台的风险承受能力评测,不管评测结果如何,都可以在平台进行投资,平台对出借人的适当性保护形同虚设。事实上,很多出借人根本就无法承受相应的风险,由此可知,网贷表面投资门槛很低,背后却高处不胜寒。地方监管部门应严格要求辖区内的平台对投资人进行适当性管理,增加强制性风险告知和警示环节,对出借人风险承受能力的评测和执行进行全过程监管,只允许进取型和激进型出借人投资,向平台和出借人宣传分散投资的理念,尽可能降低网贷社会风险的外溢性。

(四)接入设施发挥优势

风控创新是数字金融的重要生命力之一。基于大数据分析的风险评估支持贷款、投资和保险等金融决策,弥补了传统金融机构单纯地依靠财务数据和抵押资产做风控的不足。[1] 网贷作为一种基于互联网的创新型金融业态,理论上可以高效匹配信贷交易信息、大幅缩短信贷交易链条、极大扩展信贷交易边界、有效降低信贷交易成本,有望成为信贷资源配置效率最高的新市场并有力地促进我国普惠金融发展。但遗憾的是,截至 2019 年,我国网贷的实际发展和理论预期相差甚远。除了监管缺失,还有一个重要原因是征信数据缺乏。征信数据缺乏导致平台无法发挥互联网优势对借款人进行低成本的信用分级、贷款定价和风险管理,只能采用高成本的线下方式对借款人进行征信,平台网站只是营销客户的新工具和新渠道,与线下借款相比反而需要更高成本。可以说,征信系统不健全是阻碍我国 P2P 市场发展的核心障碍。[2] 放眼看英国主流网贷平台,比如 Zopa、RateSetter 等,其审核借款客户的标准与银行标准一样,而且借款人付出的借款成本费用也几乎一样,但是由于网贷放款速度要快于银行,最终借款人因时间成本更低而选择网贷借款。再看美国主流网贷平台,比如 Lending Club 和 Prosper,可以把借款人基于 FICO 细分成数十个信用等级并按级定价,不但使借款人在平台借款的成本低于银行,而且真正实现出借人根据自己的风险偏好进行匹配投资。英美两国平台能低成本地对借款人实施准确征信和定价,真正发挥网贷的优势,实现普惠金融服务,得益于两个国家健全发达的商业征信体系。而我国央行的征信系统早前并不向网贷平台开放且央行征信系统也不记录网贷信用数据,平台只能通过高成本不断积累数据,平台之间也因此陷入数据共享的囚徒困境。

---

①黄益平,黄卓. 中国的数字金融发展:现在与未来[J]. 经济学(季刊),2018(4):1489-1502.

②谢平. 征信系统不健全是我国 P2P 市场发展的核心障碍[EB/OL]. (2014-07-21)[2022-10-23]. https://www.chinanews.com.cn/fortune/2014/07-21/6407559.shtml.

可喜的是，在 2018 年，互联网金融协会牵头搭建了互联网金融信用信息共享平台，网贷平台可以申请接入共享平台，共享平台为网贷提供行业统计数据，有效防范多头借贷风险。同年，俗称"信联"的百行征信有限公司的个人征信业务申请获得央行许可。由央行牵头组建的国家级网络金融个人信用基础数据库，最主要的服务对象即包括网贷平台，可以帮助网贷平台防范多头借贷和诈骗借贷。地方监管部门要积极帮助辖区内的平台接入、共享和使用这两个重要的征信基础设施，扫除网贷征信障碍，改善网贷经营环境，真正让网贷平台利用金融科技规模、高效、低成本的优势进行风险分析、识别、定价和防范，让网贷真正普惠地服务实体经济，促进中国经济转型与升级。

（五）合规检查穿透监管

危机越深，改革越有力，监管层采取了诸多措施更加坚决和坚定地推进网贷合规化。2018 年 8 月，互金整治办下发文件要求完成行政核查的 P2P 平台，需逐步完成实时数据接入。其中，统计监测数据应报送至国家互联网金融风险分析技术平台网贷机构统计报送系统，信息披露数据应披露在全国互联网金融登记披露服务平台（以下简称披露平台）。披露平台的数据来源于平台自行填写，并没有经过严格核查，因此多次被媒体报道数据披露存在明显造假。2019 年，许多问题平台在披露平台上的逾期和坏账数据仍为零或极少，数据披露造假明显有损互金协会及披露平台的公信力和权威性。由此可见，推进平台合规性的关键在于地方监管部门要确保辖区内的平台提供真实的业务数据。地方监管部门应在平台自查和自律的基础上，采取对平台借款人资金流穿透监管为抓手，聘请专业机构基于"人脸识别"等技术手段核查借款人身份，设计和使用智能软件对平台借款人资金账户"借款出账""还款进款"两个闭环的资金流向来源、金额和频度进行严格比对和分析，通过科技监管为主、人工核查为辅的方式来准确判断平台能提供的海量数据的真实性，为平台合规化经营保驾护航。

（六）严惩失信保护投资

信用是资本市场的根基和生命，没有信用就不会达成交易。[①] 我国征信体系建设不但起步比较晚，而且缺少有效的保护出借人的法律制度和监管体系。因此，我国不少网贷借款人趁机肆意借贷，甚至多头骗贷。即使有一些原无违约之意的借款人，在特定的情况下也会做出恶意违约的行为。在网贷大雷潮中，一些借款人一旦发现平台出问题就故意不按时还款试图恶意逃废债，挑战社会诚信底线。地方监管部门必须长久做好打击逃废债工作，并整合地方政府资源对辖区内网贷平台上的"老赖"行为进行全方位打击，比如不允许"老赖"享受各种公共福利、限制配偶进行高消费、拒绝子女就读高收费的私立学校及军校等。如果各地方都建立起良好的网贷严惩失信和投资人保护机制，借款人自然会不敢赖和不能赖，同时也能有效解决网贷暴力催收问题。

（七）机构合作努力兑付

我国的监管机构把网贷平台定位为纯信息中介机构，但前文也讨论过，在打造和形成诚信社会的特定阶段，加上网贷业务的准金融属性，网贷平台必然选择成为"隐形"的信用中介机构。如果正常经营的平台无法刚兑，出借人必然对平台用脚投票，还会被监管层认定为出险平台，被清退出市场。因为我国的网贷平台不允许自身增信，只允许第三方机构增信，所以出借人的损失都是由与平台合作的第三方机构代偿的。不少平台也与保险公司等传统金融机构合作进行增信。随着浙商财险、长安保险、安心财险等保险公司在网贷危机中因涉及网贷履约保证责任险损失惨重，传统金融增信机构在与平台开展履约保证业务时日趋谨慎。对此，为了防范 P2P 网贷平台由于担保所引发的流动性风险，监管部门可以引导 P2P 网络借贷行业探索建立保险制度，这样既有利

①邱勋."互联网信托"P2B网络借贷模式探析[J].新金融，2014（3）:28-32.

于推动 P2P 网贷行业的持续健康发展,又能够从根本上保障出资人的利益。① 地方监管部门更应创造条件引导辖区内正常经营的平台与持牌传统金融机构开展增信合作,比如由保险公司、大型融资担保公司为平台承担借款合同履约保证险、担保机构贷代偿损失信用险。为促进资本实力强大的平台与传统金融增信机构的合作,地方监管部门可以尝试允许平台出资成立出借人本金风险备付金,备付金托管在地方监管部门指定的第三方银行账户并由该银行监督使用。平台出资构建一个本金风险缓释区之后,一旦出现风险,出借人本金由本金风险金赔付,利息由增信机构赔付。只有在缓释区资金枯竭时才由信增机构代偿出借人的利息。一方面,本金风险备付金模式并不违反刚性兑付限制,而且可以缓释网贷借款增信风险,进而促进平台与传统金融增信机构的合作。另一方面,也能反映平台资本实力和抗风险能力,有利于地方监管部门把握平台出险概率,缓解出借人与平台间的信息不对称。

第二节　个体网络借贷监管政策梳理和前景展望

一、个体网络借贷在争议中发展

个体网络借贷(P2P 网贷)是指个体和个体之间通过互联网平台实现的直接借贷,属于我国两大网络借贷类型中的一类。2005 年起,源于英国的 P2P 网络借贷业务迅速扩展到美国、意大利、日本等地。② 2007 年,伴随着争议,P2P 网贷开始在中国生根发芽并在中国互联网金融热潮期实现野蛮发展。2018 年 6 月,P2P 网贷行业突暴雷潮,给

---

① 刘丽丽.我国 P2P 网络借贷的风险和监管问题探讨[J].征信,2013(11):29-32.
② 莫易娴.P2P 网络借贷国内外理论与实践研究文献综述[J].金融理论与实践,2011(12):101-104.

投资人的财产带来了严重损失,给社会造成了不稳定冲击,给政府带来了巨大挑战,出现了投资人、社会、政府和行业多输局面,也从根本上改变了监管层对其本质属性和发展模式的定位,整个行业开始进入强力整顿转型和良性清退阶段,行业备案一再延期,P2P 网贷的前景非常不乐观,一些专家和学者甚至直言中国的 P2P 网贷行业没有未来。不可否认,我国 P2P 网贷的确出现了系统性问题,但全盘否定其存在的价值未免过于极端。笔者认为我国 P2P 网贷行业是否拥有美好前景,关键在于监管层的考量,毕竟 P2P 网贷是银保监会宏观调控和审慎监管的对象,所以通过深入认识和分析个体网络借贷监管演进历程来研究其前景,才有客观性和合理性。

二、个体网络借贷监管演进分析

截至 2020 年,国家监管层出台了诸多 P2P 网贷相关的监管政策与文件,P2P 网贷的性质、属性、定位也出现了相应变化。按照 P2P 网贷性质的变迁,可以将 P2P 网络借贷的监管分成以下四个阶段。

(一)灰色线上民间借贷中介阶段(2007 年—2013 年 6 月)

P2P 网贷于 2007 年在中国萌芽,从业者坚信 P2P 网贷属于民间借贷线上化,P2P 网贷机构是借贷中介,其受到《中华人民共和国民法通则》《中华人民共和国合同法》《中华人民共和国电子签名法》和《最高人民法院关于人民法院审理借贷案件的若干意见》等法律法规的保护,"法无禁止即可为"是公民的权利,这些都是支持从业者前行的坚定信仰。但是,在这一阶段,众多非行业相关人士认为虽然 P2P 网贷是一种舶来创新金融模式,但毕竟还是公开涉众的金融活动,因此,P2P 网贷机构必须获得牌照许可,没有牌照许可就存在随时被取缔的风险,即其合法性存在明显问题。① 2011 年开始,陆续出现 P2P 网贷机构涉嫌集资诈骗跑路的案例,也引起了相关部门的关注。2011 年 8

---

① 邱勋.P2P 与股权众筹[M].北京:中国金融出版社,2016:52-59.

月,中国银监会发布了《关于人人贷有关风险提示的通知》,其中明确指出 P2P 网贷存在容易演变为非法金融机构等七大问题和风险,并且要求银行业金融机构采取有效措施与 P2P 网贷之间构筑风险"防火墙"。由此可见,在 P2P 网贷的萌芽期,其问题和风险就已被银监会全面并准确地认识,但是由于监管制度缺失和监管主体缺位,我国错过了 P2P 网贷的监管最佳期。在这一阶段,P2P 网贷虽自由地游走于法律的边缘,可是参与者和交易规模相当有限并且增长缓慢,各路机构投资者不敢贸然进入,P2P 网贷不温不火地发展到 2013 年 6 月。这个阶段的 P2P 相关法规与政策如图 6-8 所示。

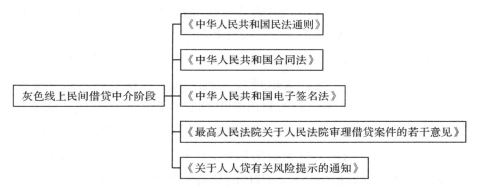

图 6-8　P2P 灰色线上民间借贷中介阶段的相关法规与政策

(二)具有明确合法主体预期阶段(2013 年 6 月—2015 年 7 月)

2013 年 6 月,余额宝的横空出世及大获成功,让政府对互联网与金融碰撞和交融产生 P2P 网贷等新型互联网金融模式以解决小微企业融资难题的新路径充满了期待,在这一阶段,学界与业界因互联网金融能否改变金融的本质属性产生分歧进而引发热烈讨论。2013 年 8 月,国务院办公厅发布了《关于金融支持小微企业发展的实施意见》,提出要"充分利用互联网等新技术、新工具,不断创新网络金融服务模式";2013 年 11 月,中共第十八届三中全会通过了《中共中央关于全面深化改革若干重大问题的决定》,提出要"发展普惠金融,鼓励金融创新,丰富金融市场层次和产品";2014 年 3 月 5 日,"互联网金融"

首次被写入政府工作报告，报告明确指出要"促进互联网金融健康发展，完善金融监管协调机制"。P2P 网贷毫无疑问成为互联网金融的重要业态，其法律障碍被消除，传统金融机构、国有企业、上市公司、民营企业和众多草根创业者纷纷涌入 P2P 网贷行业，大量风险资本也闻风而至。在此背景下，普通民众被 P2P 网贷吸引，纷纷在 P2P 网贷机构投资。P2P 网贷行业就这样在政策支持、资本驱动和"三无"（无门槛、无标准、无监管）状态下野蛮发展，成为一个几乎完全自由的金融市场，可谓鸾凤并栖、鱼龙混杂。可是，根据纳什的博弈论，任何市场的各方都会充分博弈，因此市场都是有成本的，基于互联网的新兴民间借贷金融市场也不例外。在缺乏规则、制度和监管的 P2P 市场中，P2P 网贷机构和借款人处于相对的优势地位，投资人无疑处于劣势地位。正因如此，大量打着"互联网金融创新"旗号的 P2P 网贷机构裹挟着社会最底层的财富资源大肆进行高风险的非标投资、自融、资金池和集资诈骗活动，一些借款人利用 P2P 网贷机构征信体系缺失的弱点有恃无恐进行多头借贷、过度借贷和欺诈借贷。在这个阶段倒闭、跑路和停业的 P2P 网络借贷平台的数量、频率和资金规模明显增加。当然，政府部门也敏锐地发现了 P2P 网贷等互联网新金融模式的风险，加快了出台互联网金融的监管体系和制度的步伐，但是为了给我国金融改革和创新一定的空间，仍然包容了互联网金融的试错发展。这个阶段的 P2P 相关政策如图 6-9 所示。

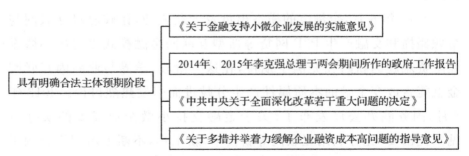

图 6-9　P2P 具有明确合法主体预期阶段的政策

（三）无门槛信息中介机构阶段（2015 年 7 月—2018 年 11 月）

P2P 网贷经历近 8 年的自由放任发展，各类风险案例开始频繁出现，特别是 2015 年下半年爆发的震惊全国的"E 租宝"重大诈骗案，用事实证明了 P2P 网贷本质仍然是金融，核心依然是风控。2015 年 7 月，国务院授权十部委联合出台了《关于促进互联网金融健康发展的指导意见》（以下简称《指导意见》），明确指出 P2P 网贷平台属于信息中介机构，不得提供增信服务，不得非法集资，并由银监会监管；2015 年 8 月，最高人民法院出台了《关于审理民间借贷案件适用法律若干问题的规定》（以下简称《若干规定》），明确规定了 P2P 网贷的最高合法利率，如果 P2P 网贷机构提供借贷担保并不违法但需承担担保责任。基于《指导意见》和《若干规定》两个顶层宏观框架文件和法规，2015 年 12 月，银监会等四部门发布了《网络借贷信息中介机构业务活动管理暂行办法（征求意见稿）》，明确指出网贷机构的设立采用备案登记制。由于互联网金融风险形势逼人，2016 年 4 月，国务院办公厅印发了《互联网金融风险专项整治工作实施方案》，再次强调 P2P 网贷的信息中介性质并将其确定为风险专项整治的重中之重。银监会在风险整顿的急迫形势下，迅速会同其他相关部门成立网贷风险专项整治工作领导小组，并于同月发布了《P2P 网络借贷风险专项整治工作实施方案》（又称 11 号文），并计划在 2016 年 11 月前针对 P2P 网贷异化信息中介的情况完成分类处置工作，但实际的困难使得处置工作直到 2020 年仍未完成。2016 年 8 月，银监会等四部门印发了《网络借贷信息中介机构业务活动管理暂行办法》。2016 年 10 月，银监会等三部门印发了《网络借贷信息中介机构备案登记管理指引》。2017 年 2 月，银监会发布了《网络借贷资金存管业务指引》。2017 年 8 月，银监会发布了《网络借贷信息中介机构业务活动信息披露指引》。以上四个文件被业界称为 P2P 网贷"1＋3"监管制度体系。"1＋3"制度的核心是微观具体地指引 P2P 网贷主体按照信息中介模式运营。随着 11 号文和"1＋3"制度的出台，监管部门开始全面整治 P2P 网贷中的"十三项禁止性行为"乱象,同时还积极打击"校园贷""现金贷""套路贷""首付贷"等违法违规业务。2017年,银监会还专门出台了《关于进一步加强校园贷规范管理工作的通知》《关于规范整顿"现金贷"业务的通知》和《关于进一步加强校园网贷整治工作的通知》等文件。经过近20个月的专项整治工作,2017年12月,银监会专门出台了《关于做好P2P网络借贷风险专项整治整改验收工作的通知》(又称57号文),明确指出各地方金融办最迟在2018年的6月完成P2P网贷专项整治整改验收及网贷机构的备案登记工作。然而,P2P网贷经过多年野蛮发展,如严格按照11号文和57号文处置,P2P网贷机构基本上都有"原罪",历史包袱极其沉重,面对2000余个在营平台和海量的借贷业务数据,整治分类难度极大;同时,地方金融办作为整治分类的具体操笔者,由于激励不相容和利益博弈在整治工作中很难完全符合中央的标准和要求,所以分类处置工作未能按计划完成。2018年6月底,"积重难返"的P2P网贷行业的备案登记并未如期而至,在多重不利因素的叠加下,行业爆发了规模空前的"大雷潮","大雷潮"期间共出现569个问题平台,涉案资金超千亿元,涉及投资者超百万人,给人民群众造成巨大损失,给社会稳定产生一定冲击。为了稳妥化解存量风险,2018年8月,银保监会出台了《关于开展P2P网络借贷机构合规检查工作的通知》(又称63号文),再次明确要求按照网贷"1＋3"制度框架,督促网贷机构合规经营,回归信息中介本质定位。为保证合规检查工作有效落下,还一同下发《网络借贷信息中介机构合规检查问题清单》(又称108条清单)作为检查执行标准,合规检查计划于2018年12月底前完成,条件成熟的机构可按要求申请备案。在P2P网贷分类整治过程中,由于P2P网贷征信体系不够完善,部分借款人趁机恶意逃废债,为了打击借款人恶意逃脱还债义务的行为,央行和银保监管会分别于2018年8月和9月出台了《关于报送P2P平台借款人逃废债信息的通知》和《关于进一步做好网贷行业失信惩戒有关工作的通知》,这两份通知明确将恶意逃废债人的不良信息纳入"诚信中国"和"百信征信"数据库,但并没有提及是否纳入金融信用信息基础数据库。由此可见,在这个阶段 P2P 网贷机构作为信息中介在金融领域的地位还不及小额贷款机构。这个阶段的 P2P 相关法规和政策如图 6-10 所示。

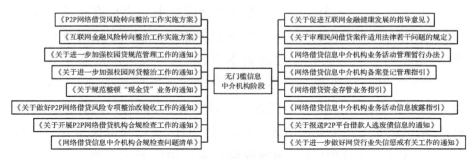

图 6-10 P2P 无门槛信息中介机构阶段的法规与政策

(四)高门槛信用中介机构阶段至清零阶段(2018 年 12 月—2019 年 10 月)

银保监会在前两年分别出台《P2P 网络借贷风险专项整治工作实施方案》《关于做好 P2P 网络借贷风险专项整治整改验收工作的通知》和《关于开展 P2P 网络借贷机构合规检查工作的通知》,对 P2P 网贷机构进行合规整改,但均未按计划完成。其主要原因在于平台"原罪"、历史包袱、地方和中央金融监管的博弈。但是 2018 年下半年的行业大雷潮促使中央和地方都对 P2P 网贷的监管进行了重大调整与显著升级,2017 年底的金融工作会议也明确并压实了地方金融监管的风险责任。2018 年 12 月,央行和银保监管会联合出台了《关于做好网贷机构分类处置和风险防范工作的意见》(又称 175 号文),首次将 P2P 网贷机构划分成二大类六小类,规定只有规模较大的正常机构才有可能继续运营,部分正常机构还将被引导转型为网络小贷公司和助贷机构,其余机构能退尽退,应关尽关,所有 P2P 网贷机构的存量规模和投资人数开始执行"双降"。175 号文的出台不但明确了未来的 P2P 网贷行业只属于极少数的大体量头部合规平台,而且正式开启了 P2P 网贷的停增去存窗口,坚决去除多数存量平台并实行名单制管理。2019 年 1 月,央行和银保监管会联合下发了《关于进一步做实 P2P 网络借贷合规检查及后续工作的通知》,要求全国 P2P 平台做好实时数据接入工作,开始实施科技监管,各地方的 P2P 平台总数、业务总规模、投资人数必须实现"三降",加快清退不配合的 P2P 网贷机构。2019 年 4 月,银保监管会下发《网络借贷信息中介机构有条件备案试点工作方案》定稿(以下简称《备案试点方案》),首次划分网贷机构类别,并根据网贷的类别充实注册资本金、缴纳一般风险准备金和设立出借人风险补偿金等限制内容,网贷平台的备案门槛大幅提高,没有雄厚的资本主体根本不可能获得备案,P2P 网贷机构向持牌信用中介机构演进的路径已经非常清晰。2019 年 9 月,央行和银保监管会联合下发了《关于加强 P2P 网贷领域征信体系建设的通知》,明确提出 P2P 网贷机构将全面纳入金融信用信息基础数据库运行机构(央行征信数据库)和百行征信机构,P2P 行业将全面纳入征信系统。这对行业无疑是重大利好:一方面,能破除 P2P 行业征信的沉重枷锁;另一方面,P2P 网贷终于挤入金融机构的大家庭。然而 P2P 行业利好乍现不久,同年 10 月,湖南、山东、重庆、河南四个地方金融办宣布全部取缔辖区内的网贷中介机构,引发行业被全面取缔的猜想。11 月,银保监管会下发《关于网络借贷信息中介机构转型为小额贷款公司试点的指导意见》,明确了网贷机构转型小额贷款公司的基本条件,其中转型全国性网络小额贷款公司的网贷机构股东实缴货币注册资金不低于 10 亿元,这是政策层面再次确认 P2P 网贷机构必须成为持牌的金融机构。这个阶段的 P2P 相关法规和政策如图 6-11 所示。

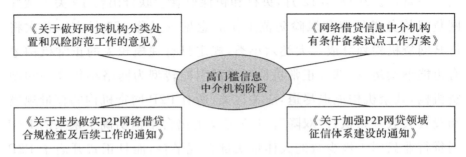

图 6-11　P2P 高门槛信用中介机构阶段的法规与政策

三、P2P 网络借贷发展前景展望

我国 P2P 网络借贷在从灰色线上民间借贷发展到高门槛信用中介机构的过程中,虽然问题和风险不间断地暴露,但国家监管部门一直没有对其实施"一刀切"的全面取缔,这说明我国 P2P 网络借贷还是存在一定的服务小微和践行普惠金融使命的社会价值的。虽然现在个体网贷已清零,但国家还是给平台指明了出路。根据 175 号文的精神,个体网贷机构理论上有三条存活路径可以选择:一是转型助贷。不过,2019 年监管部门多次发文规定传统金融机构的风险审核和定价环节禁止外包,并且联合公安机关重拳打击利用数据爬虫等技术获取用户数据进行网络放贷的行为。在 P2P 网贷机构无相关牌照的前提下,转型助贷无疑成为非选项。二是获得个体网络借贷备案,成为强信用的 P2P 网贷机构。这条路径明显与国际上 P2P 网贷去中心化的纯信息中介模式背道而驰。按照《备案试点方案》,P2P 网贷机构自有风险备付资金是贷款余额的 9%,但没有网贷机构能确保其未来的坏账率一直低于 9%。一旦有备案 P2P 网贷机构的坏账率超过 9%,那么网贷行业仍无法跳出整治和清退的轮回。我国 P2P 网贷行业信用化备案,从根本上无法化解其不确定性风险,所以网贷机构备案也成了非选项。三是转型为网络小额贷款公司。在征信体系不健全、催收成本高企、出借人劣势明显和金融科技基础设施羸弱的客观条件下,暂时砍掉"P2P"中资金端的"P",将风险外溢萎缩成机构是最现实的选择,因此 P2P 网络借贷机构转型为网络小额贷款公司是短期内唯一的路径选择。

虽然,P2P 网贷机构转型持牌的网络小贷机构已水落石出,也标志着我国 P2P 网贷的阶段性存在窗口已经关闭。2020 年 11 月 27 日,银保监会首席律师刘福寿在公开场合透露,全国实际运营的 P2P 网贷机构已完全归零。[①] 但是,随着我国将区块链技术作为核心技术

---

① 王炜. P2P 清零,网贷行业风险出清[J]. 银行家,2021(1):27-28.

自主创新的重要突破口,可信化的社会体系指日可待,通过智能合约与数字资产自动划转交易极大地保证出借人的本息安全并改变出借人的劣势地位,而且区块链技术给所有借贷利益相关方都提供了全透明、可溯源和难篡改的交易账本,有利于监管机构开展科技监管,这些金融基础设施的完善和创新性生态制度的保证能够帮助作为信息中介的P2P网贷实现稳健可控和可持续发展。可以预见,未来P2P网贷在我国还会再次兴起,届时将会真正成为个体和机构的重要投融资方式。

第七章

互联网金融

本章主要研究讨论"互联网金融的现实与展望"和"监管时代下传统金融机构的互联网金融发展对策"两个问题。

　　第一个问题的研究背景是现代信息与互联网技术的不断进步，深刻地改变甚至颠覆了众多传统行业。近年来，金融业成为继商业分销、传媒之后受互联网影响最深的领域，许多基于互联网的金融服务模式应运而生，逐步改变着传统金融业的价值创造和实现方式，重构了金融业竞争格局，对传统金融业的经营和管理带来深远影响。本章通过梳理互联网金融在我国兴起的背景，分析了互联网金融发展的现状，并基于金融与科技的融合趋势描绘了互联网金融的发展前景。

　　第二个问题的研究背景是随着十部委联合制定的《关于促进互联网金融健康发展的指导意见》和其他互联网金融监管规则的陆续出台，互联网金融正式告别"野蛮"发展期，进入规则监管下的理性繁荣时代，这为规则意识强烈的传统金融机构加快转型和升级其互联网金融业务带来历史性发展机遇。本章通过回顾银行、证券和保险三大传统金融机构在互联网金融业务的历史布局，分析了规则监管时代为传统金融机构依托互联网技术和信息技术实现传统金融业务与服务转型升级带来历史性发展机遇的原因，然后提出传统金融机构在规则监管时代下开展互联网金融业务的四个对策。

第一节 互联网金融的现实与展望

一、我国的互联网金融元年

2013 年 6 月 13 日，电商巨头阿里巴巴与天弘基金推出国内首只互联网基金，嵌入支付宝中的余额宝进行直销。余额宝只花了 9 个月的时间，规模就蹿升到 5412 亿元，名不见经传的天弘基金惊世一跃成为我国规模最大的基金公司，余额宝净资产规模名列全球货币基金第三名。此次互联网与金融业深度融合的惊艳表演，颠覆了人们对传统金融服务模式和产品形态的认识，并强力带动其他互联网金融模式，如个体网络借贷、众筹、直销银行等的发展。既不同于商业银行间接融资，也不同于资本市场直接融资的第三种融资模式，即互联网直接融资模式应运而生，[①]2013 年因此被称为我国的互联网金融元年。互联网金融本着"开放、平等、协作、快速、共享"的互联网精神，冲破金融行业的高门槛限制，以灵活、快捷、低成本等优势，为传统金融的"长尾市场"——中小客户群体和小微企业提供资金服务，彰显出强烈的普惠金融服务理念，受到了全社会的高度关注。

二、互联网金融在我国兴起的背景

互联网金融在我国的兴起，貌似偶然，其实必然，背后有着深刻的原因。在这些原因中，有些是全球性的，有些则为我国所特有。

（一）全球的互联网金融都在快速发展

在国外，无论是经济发达的欧美国家，还是经济欠发达的新兴经

---

① 谢平，邹传伟. 互联网金融模式研究[J]. 金融研究，2012(12)：11-22.

济体,互联网金融都得到了快速的发展和应用。[①]　在欧洲,英国是互联网金融最发达的国家。全球第一个个体网络借贷平台 Zopa 就诞生在英国,英国也是最早允许股权众筹的国家,英国金融行为监管局(Financial Conduct Authority,FCA)制定了大量互联网金融监管规则。在美国,互联网金融可追溯到 1994 年成立的全球第一家网络银行——安全第一网络银行(Security First Network Bank,SFNB),后来陆续发展出全球著名的第三方支付平台 Paypal、个体网络借贷平台 Lending Club、商品众筹平台 Kickstarter 和股权众筹平台 AngelList。非洲肯尼亚的 M-PESA、南非的 Wizzit,亚洲马来西亚的 G-Cash 手机银行,均堪称利用互联网金融推进普惠金融服务的典范。毋庸置疑,国外互联网金融的快速发展给我国互联网金融的发展产生了较好的示范效应,也提供了宝贵的借鉴经验。

(二)国家政策的大力支持

在我国,金融行业是一个政府高度监管的行业。互联网金融的本质还是金融,互联网金融兴起的背后离不开国家政策的支持和相对宽松的监管环境。2013 年 3 月 13 日,中国人民银行行长周小川在出席十二届全国人大一次会议时,表示将对以阿里巴巴为代表的互联网企业开创的新型金融模式给予支持;2013 年 8 月 12 日,国务院办公厅发布了《关于金融支持小微企业发展的实施意见》,提出要充分利用互联网等新技术、新工具,不断创新网络金融服务模式;2013 年 11 月 12 日,中共第十八届三中全会通过了《中共中央关于全面深化改革若干重大问题的决定》,提出要发展普惠金融,鼓励金融创新,丰富金融市场层次和产品;2014 年 3 月 5 日,李克强总理在第十二届全国人大二次会议中指出,要促进互联网金融健康发展,完善金融监管协调机制,这是"互联网金融"首次被写入政府工作报告;2014 年 5 月,央行发布《中国金融稳定报告(2014)》,以"互联网金融的发展与监管"为题进行

---

① 邱勋,周雷,高泽金. 网络借贷与股权众筹[M].北京:中国金融出版社,2020:5-18.

了专题阐述;同月,国务院发布了《关于进一步促进资本市场健康发展的若干意见》(又称新国九条),指出要促进互联网金融健康发展,支持有条件的互联网企业参与资本市场;2014 年 8 月 14 日,国务院办公厅发布了《关于多措并举着力缓解企业融资成本高问题的指导意见》(又称国十条),指出要尽快出台规范发展互联网金融的相关指导意见和配套管理办法,促进公平竞争。由此可见,政府层面对互联网金融的认可和支持,无疑为互联网金融创造了良好的发展氛围。

(三)互联网企业积累了海量数据和创新成果

我国的互联网企业,特别是以百度、阿里巴巴和腾讯①为代表的互联网企业,其业务与其他行业之间的界限日渐模糊,进而形成网络共享经济。网络共享经济与互联网金融之间有着天然的紧密联系。网络共享经济为互联网金融提供了应用场景,也为互联网金融打下了数据和客户基础,而互联网金融又进一步加快了网络共享经济的发展,在这种良性螺旋上升的发展过程中,互联网企业积累了海量的用户数据。一方面,互联网企业利用云计算和大数据技术等新一代信息技术,对其积累的海量用户数据进行深度的分析与挖掘,可对客户快速准确地做出信用评估、风险定价和风险控制。另一方面,互联网企业初期都投入了大量的沉没成本,通过互联网,理论上可以无限地吸纳用户,而在此过程中边际成本几乎为零。这样就使得互联网企业能够以较低成本快捷地为传统金融机构无法覆盖的个人客户和小微企业提供金融服务。

(四)我国金融体系中的扭曲因素为互联网金融发展创造了空间

长期以来,我国的金融机构得益于政策红利,坐享高额垄断收益,没有动力去服务中小微客户。金融体系资金配置更多地倾向于大中

---

①百度(Baidu)、阿里巴巴(Alibaba)和腾讯(Tencent),三者被合称为"BAT"。

型企业特别是国有企业,财富管理的重点则主要在高收入群体,数量众多且十分活跃的小微企业和中低收入群体的金融需求被严重忽视。金融服务的严重不平衡性,助推了社会贫富差距的扩大,背离了普惠金融的基本理念。① 总体来说,个人、小微企业和"三农"的金融需求被强烈抑制,以银行为核心的正规金融机构根本无法有效支持经济结构调整产生的大量信贷需求。另外,众所周知,金融业利润率远高于实体行业,比如 2011 年、2012 年、2013 年连续三年,沪深两市 16 家上市银行的净利润占沪深两市所有上市公司总净利润的比重均超 50%,所以各类资本都有进入金融业的动力。在这样的背景下,互联网金融针对个人和小微企业的贷款需求、一些创意性项目的类股权融资需求和老百姓的投资理财需求以及金融产品销售的"去银行渠道化"需求,打开了全新的、巨大的市场空间。

三、互联网金融在我国的发展现状

互联网金融在我国发展迅猛,新的业务模式不断推陈出新,而且诸多业务模式之间不存在清晰的界限。为了便于讨论,本书将互联网金融划分成五种类型。

(一)金融互联网化

金融互联网化体现利用互联网渠道优势,结合便捷化和可得性创新来提供金融服务,体现为对传统金融中介的物理网点和人工服务的替代,具体包括以下四种类型:①直销银行。央行 2015 年 2 月从政策上支持商业银行开设直销银行布局线上创新业务。国内正式推出直销银行业务的有民生银行、兴业银行、平安银行等 9 家银行。②理财产品网络销售。网络理财主要是互联网货币基金,以余额宝、百度百赚和各家银行的"宝宝产品"为代表。随着各家银行"宝宝产品"的推出,其收益率要好于互联网企业的"宝宝产品",银行"宝宝产品"更具

---

① 吴晓求. 互联网金融:成长的逻辑[J]. 财贸经济,2015(12):5-15.

吸引力。③网络保险公司。2013 年 10 月,国内首家互联网保险公司众安保险上线,标志我国进入了纯网络保险公司时代。④网络证券服务。2014 年 2 月 20 号,首支互联网金融产品"佣金宝"正式上线,投资者通过腾讯股票频道进行网络在线开户,即可享受 0.2‰的交易佣金。不到 2 个月,佣金宝业务开户数已近 10 万户。

(二)第三方支付与移动支付

第三方支付起源于电子商务信用保证环节,目的是为电商交易提供信用保证。2013 年第三季度,我国第三方互联网支付市场交易规模达 1.42 万亿元,环比增速 26.7%。其中,支付宝占比达 49%,位居第一。移动支付主要指通过移动通信设备,利用无线通信技术来转移货币价值以清偿债权债务关系的支付方式。2013 年第三季度,我国第三方支付移动支付市场交易规模达 1.21 万亿元,同比增长 70.7%。其中,支付宝占比达 58%,位居第一。

(三)个体网络借贷

个体网络借贷网络贷款是一种互联网上个人对个人的借贷模式,具有较强的金融属性,是互联网金融的核心模式之一。根据《中国互联网金融报告(2014)》,截至 2014 年 6 月,个体网络借贷网贷平台数量达到 1263 家,半年成交金额接近 1000 亿元人民币,接近 2013 年全年成交金额。随着平台数量与交易额的快速增长,个体网络借贷不断呈现出新的形势和新的特点。

1.传统金融机构纷纷布局个体网络借贷业务

互联网金融带来的最大变化是,交易的范围、环境、金额都和过去几十年、几百年不同,发生了很大的量的变化。[①] 因此,银行业、保险业和证券业通过不同的路径和模式纷纷布局个体网络借贷业务。2015 年,招商银行、民生银行等 5 家银行涉足个体网络借贷领域。保

---

①陈志武. 互联网金融到底有多新[J]. 新金融,2014(4):9-13.

险业则通过为个体网络借贷平台提供信用保险模式介入个体网络借贷业务。2014年5月,中国人寿财产保险股份有限公司为个体网络借贷平台"财路通"提供信用保险模式,拉开保险业进军个体网络借贷业务的大幕。证券业则通过注资个体网络借贷平台成为其战略合作伙伴抢占个体网络借贷市场。2014年6月,广发证券对个体网络借贷平台"投哪网"进行战略投资,这也是国内首家券商与个体网络借贷平台进行战略合作。传统金融机构纷纷布局个体网络借贷业务,极大地提高了个体网络借贷的社会关注度和认可度,个体网络借贷市场格局也将重新划分。

2.风险资金密集进驻个体网络借贷平台

2014年,个体网络借贷平台"有利网""易贷网""积木盒子""拍拍贷"和"人人贷"等个体网络借贷平台都获得了千万美元以上的投资。风险资金密集进驻个体网络借贷平台,使中国个体网络借贷行业获得极大振奋和鼓舞。

3.平台模式分化和客户进一步细分

不同平台依据自身特征对个体网络借贷业务的理解形成多种不同模式,并开始针对特定类型的用户提供借贷服务,以提高风控水平,比如车押贷、房押贷、票押贷和中小企业贷等。专门的P2B平台也开始涌现,现已成为个体网络借贷平台主要的转型升级方向。

4.监管细则即将出台

在这一时期,个体网络借贷市场由于缺乏监管,进入门槛极低,仍处于野蛮发展的阶段,"挤兑""跑路"事件时有发生。在全国可查的1200家个体网络借贷平台中,截至2014年7月,已有150个"跑路",每月有六七个"跑路"。全社会对个体网络借贷市场加强监管的呼声日益高涨。2014年3月,个体网络借贷平台正式划入银监会监管,银监会也对个体网络借贷划出四条"红线"并于年底出台监管细则。

（四）互联网众筹模式

互联网众筹是通过互联网向众人筹集小额资金为某个项目或企业融资的模式，在我国主要分为商品众筹和股权众筹。

1.商品众筹

商品众筹为投资者提供具体的实物回报。为避免触碰非法集资红线，我国商品众筹平台大多采用"预售"形式对众筹程序进行规范。商品众筹早期以草根创业平台"点名时间""追梦网"为代表。随着众筹的发展，电商巨头淘宝、百度和京东开始涉足商品众筹。但由于缺乏监管与有效协调机制，以及筹资者水平不一，商品众筹频频出现"跳票"现象（即不按约定提供商品），再加上维护成本较高和激烈的市场竞争，大多草根商品众筹平台难以支撑。2014 年 8 月 4 日，"追梦网"宣布转型为电商化的智能硬件限时抢购平台，退出众筹市场。

2.股权众筹

股权众筹为投资者提供的回报不是产品，而是可以获得未来收益的公司股权。在我国，股权众筹发展的环境并不成熟，但 2014 年股权众筹也被认定为我国多层次资本市场的重要组成部分，归属证监会监管，股权众筹在我国迎来历史性发展机遇。我国股权众筹主要采用"领投＋跟投"方式进行募资，通过"线上＋线下"模式来完成投融资过程，以提高融资的成功率。[①] 值得注意的是，股权众筹的另一个分支房地产众筹在国内有星火燎原之势，以中国平安为代表的传统金融机构以海外购房项目布局"房产众筹"，受到强烈关注。

（五）基于大数据的网络贷款

基于大数据的网络贷款是指运用大数据和云计算等新一代信息技术对客户海量的网络行为数据进行分析和挖掘，对客户进行快速征

---

①邱勋，陈月波. 股权众筹：融资模式、价值与风险监管[J]. 新金融，2014（9）：58-62.

信、评级和放贷的一种网络贷款模式,最能体现出互联网金融相对传统金融在风控、定价和成本上的优势。成立于 2010 年的阿里小贷是大数据网贷的典型代表,其主要针对的是阿里商业闭环中的诚信通、淘宝和天猫三个平台的客户。利用大数据的网络贷款,阿里小贷成立 3 年半后,累计放贷 65 万户,累计投放贷款超过 1600 亿元,户均贷款余额低于 4 万元,不良贷款率控制在 1% 以下。

四、我国互联网金融发展展望

(一)互联网金融远未成形,新的模式将层出不穷

互联网金融是一个弹性很大、极富想象空间的概念,是一片新兴的蓝海,其发展远未成形,新的模式将层出不穷。首先,信息科学技术,特别是人工智能技术将不断得到突破,并不断推动金融创新。比如,计算机人脸识别技术在 2014 年就获得重大突破,其人脸识别能力已超过人类肉眼,这就能解决互联网金融中的身份认证难题;智能穿戴的发展进一步推动互联网金融业务的即时化。以支付手环为例,未来用户"挥挥手"就能完成支付。其次,互联网金融服务细分市场将不断挖掘。互联网金融在我国兴起后,传统金融机构和互联网企业都在积极布局互联网金融市场,并利用自身优势,开始深耕细分市场,形成差异化竞争,如民生电商推出的"票据贷"个体网络借贷模式、阿里小微金融推出的"招财宝"平台金融模式、团贷网推出的"房宝宝"众筹买房模式。再次,互联网金融将不断挖掘并满足个人和中小微企业个性化和快速多变的金融服务需求。众所周知,由于我国金融体系的结构性问题,传统银行无法满足众多个人和中小微企业个性化和快速多变的金融服务需求,而互联网金融则能通过快速的迭代创新来满足这些客户的金融需求,也将不断产生新的互联网金融模式。

(二)大数据征信将成为互联网金融发展的关键,数据共享势在必行

互联网金融的本质是金融,信用是金融的根基和生命。互联网

金融的主要优势在于利用云计算、大数据技术对用户活动数据进行挖掘和分析,进行快速准确的信用评估及风险定价。但是,我国征信体系还不完善,央行征信系统也未向互联网金融企业开放,同时,互联网金融企业之间的交易数据也没有实现共享。由于缺乏足够的可靠数据,大多数互联网金融企业只能线下征信,极大地提高了运营成本,并没有发挥互联网金融的技术优势。所以,互联网金融企业在主观上有强烈的数据共享动力,以尽可能地消除投融双方的信息不对称,有效降低投融双方的风险,但是因为缺乏公平有效的数据共享机制和平台,互联网金融企业数据共享暂时陷入了"囚徒困境"。另外,监管部门也意识到"征信难"已成为互联网金融发展的核心障碍,也在积极准备将互联网金融的交易信息逐步接入央行征信系统,推动互联网金融企业之间数据共享,引导互联网金融企业将竞争着力于产品、风控和用户体验上,而非通过隐藏信息重新构建信息不对称而获得竞争优势,既能促进互联网金融的透明化、阳光化,又能健全和完善社会信用数据。

(三)互联网金融将受到法规的监管,监管方式将与时俱进

2013 年,我国在监管制度及法律规范方面尚未出台专门针对互联网金融业务的内容。[①] 由于监管缺失,互联网金融的市场准入门槛与市场监管成本极低,极利于互联网金融企业利用"用户体验"至上的原则和理念,不断变相打破传统金融业诸多以"审慎稳健"为基准的业务规则框架,从而进行监管套利。"无规矩不成方圆",互联网金融过于强调互联网精神,急剧增加了互联网金融的风险,特别是个体网络借贷网贷和股权众筹业务。我国政府亦非常关注互联网金融发展初期暴露的问题,在 2014 年 7 月出台的国十条中明确指出,会尽快出台规范发展互联网金融的相关指导意见和配套管理办法,促进公平竞争,因此,可以预见互联网金融即将受到明确的法律规范和监管,监管

①李博,董亮. 互联网金融的模式与发展[J]. 中国金融,2013(10):19-21.

套利空间会极大压缩,线上线下将公平竞争。在监管方式和手段上,面对互联网金融企业数量迅速攀升、业务发展快速多变和风险传播迅速的现实情况,监管层唯有及时乃至实时掌握互联网金融的交易和行为信息,并采用差异化、算法化、自动化的监管方式才能对互联网金融进行有效监管,所以基于大数据的科技化监管是互联网金融监管的重要发展方向。

(四)互联网金融将不断提高金融业的虚拟化,金融业态逐步重新构建

互联网金融企业对传统金融业挤压造成的经济损失是浅层面的,最大的冲击在理念层面。人们开始意识到传统金融机构在服务中低收入人群和小微企业上的缺位。传统金融业在危机和批评声中开始改变,并深刻反思"跑马圈地"的发展模式和"二八"客户服务理念,纷纷将互联网金融作为重要的发展战略,加快创新民主化、网络化和人文化的金融服务和产品,同时与互联网企业进行积极融合,参与和分享互联网共享经济。可以预见,互联网金融将在近几年内重构金融业态,包括管理理念、发展战略、产品设计、服务流程和业务模式,让整个金融业得到重生。以谢平为代表的学者认为商业银行等传统金融中介机构最终将消失,所有账户都由中央银行开设和管理,即可能出现既不同于商业银行间接融资也不同于资本市场直接融资的第三种金融融资模式——互联网金融模式。[①] 但笔者认为这是不可能的,一是因为无论技术如何发展,信息不对称都会存在,既然存在,就需要中介,只不过成本和形式不同而已;二是因为金融中介本身也在不断地变革和创新以适应时代的要求和发展,加之其强大的风控、资源和信誉优势,不可能完全被技术所取代。所以,未来,以商业银行为核心的金融中介一定存在,但对客户而言,这些金融中介将逐步演变为一种"云"服务形式,而不是一幢幢大楼或诸多实体网点。

---

① 谢平,邹传伟. 互联网金融模式研究[J]. 金融研究,2012(12):11-22.

第二节　监管时代下传统金融机构互联网金融发展对策研究

一、前规则监管时代的传统金融机构的互联网金融业务布局

综观国内外,传统金融机构都在不遗余力地利用新技术、新媒体和新渠道开展互联网金融服务。但是,由于中国金融行业管制度高、垄断性强、政策红利多,传统金融机构近几年的互联网业务变革基本上局限于业务的互联网化。随着我国金融改革的全面深化及金融市场的逐步开放,以"BATJ"为代表的互联网企业依托其海量的用户和数据逐步向金融业渗透。2013 年,余额宝横空出世,以不可思议的井喷式发展势头拉开了互联网金融在中国"普及"的大幕。互联网金融作为一种新金融,也在中国快速"野蛮"生长。由于互联网金融确实对促进小微企业发展和扩大就业发挥了传统金融机构难以替代的积极作用,政府也对互联网金融的发展给予了较大的包容并提供了极大的空间。以第三方支付、网络借贷、股权众筹等为代表的互联网金融业态不断蚕食传统金融机构的市场,传统金融机构开始意识到金融市场开放后"互联网＋"新金融时代的巨大挑战,从而开始布局互联网金融业务。

(一)银行业在互联网金融的布局

传统商业银行在规则监管前时代的互联网金融业务的发展可划分"余额宝"前时代和"余额宝"后时代。在"余额宝"前时代,多数传统商业银行的互联网金融业务布局重点在网络银行,即银行业务的网络化。通过不断丰富和优化网络银行的功能来提高对人工的替代率,实现传统业务的互联网化。金融业务网络化的目的有二:一是降低成

本,扩大业务量,提高中间收入;二是升级业务服务,提升客户体验,加强客户黏性,增强同业竞争力,比如商业银行陆续推出电话银行、网上银行、WAP 移动银行和 App 移动银行。2015 年,农业银行、建设银行等少数商业银行还推出 App 移动银行"音频盾"硬件密钥服务,让金融服务与客户金融需求无缝对接。在余额宝后时代,伴随着我国金融业改革的不断深化,互联网金融的诸多商业模式被监管层认可,大部分正规的金融企业都准备发展互联网金融。① 业务布局的划分可分为四类:一是网络银行创新与升级,如推出"微信银行"和"直销银行"。2013 年,招商银行、工商银行、建设银行等相继推出"微信银行",将银行的产品和服务嵌入客户的移动社交平台——微信 App 之中,在提升服务的同时开始重视客户的参与感。2014 年,民生银行、兴业银行、平安银行、华夏银行、包商银行、上海银行、江苏银行和重庆银行相继推出"直销银行","直销银行"最大的特点是无须注册,也不用登录,支持多家银行卡直接购买同一家银行的标准化产品,呈现出互联网开放、共享和生态的特性。二是个体网络借贷业务。2014 年,部分商业银行和政策银行开始布局个体网络借贷业务。比如招商银行的"小企业 E 家"、国家开发银行参与投资设立的"开鑫贷"和"金开贷"、民生银行的"民生易贷"、包商银行的"小马 bank"、兰州银行的"e 融 e 贷"以及平安集团的"陆金所"等,其中"陆金所"最具代表性,银行系个体网络借贷业务在一定程度上实现了银行服务链的有效下沉。三是股权众筹。股权众筹规则和流程相对复杂且收益具有很大的不确定性,布局的银行相对较少,主要原因还是法律风险和业务风险太大。2015 年,只有浦发银行筹建了"小浦娱乐"众筹平台,集中在电影、电视剧、话剧、演唱会等娱乐项目领域。四是网络微贷。商业银行依托大数据分析技术,通过分析客户的交易信息,结合客户征信信息,对客户信用进行评价并据此发放贷款。但是受到数据和技术的限制,成功的网络微贷产品不多。2015 年,中信银行与银联商务合作推出的"POS 商户

---

① 谢平.互联网金融的现实与未来[J].新金融,2014(4):4-8.

网络贷款"微贷产品比较成功,商户只要有足够的 POS 流水信息就可以享受无担保、无抵押、全线上、审批快、随借随还的贷款服务。工行银行推出的契合小微企业"短频急"融资需求的互联网贷款产品"网贷通"也是较为成功的网络微贷产品。

(二)证券业在互联网证券的布局

互联网金融未来的发展将真正改变证券业的商业模式。[①] 证券业近几年的改革力度很大,"远程开户"和"一码通"等政策的出台加大了证券业拥抱和融合互联网的步伐,各大证券机构也加快了互联网证券的布局。证券业互联网证券布局从浅到深可分为以下三个层次。

1.零售业网上网下双轮驱动

互联网最强大的优势是去中介化,消灭传递价值,因此,证券业同质化、低利润率、低技术含量的零售业务被率先互联网化。券商主要通过与互联网平台进行战略合作,利用其大容量、低成本的客户和渠道资源,将客户导流到证券平台,然后通过价格策略与多样化的产品和服务将导入的客户尽可能他转化为自己的客户,从而实现流量变现。 比如,国金证券与腾讯战略合作的"佣金宝",是证券行业首个"1+1+1"互联网证券服务产品。广发证券与新浪网合作打造的一体化理财平台。

2.业务入口的平台化集成

券商将证券交易、融资融券、投资理财、融资服务和投资资讯等所有业务集中整合到一个平台,客户仅在一个客户端就能获得证券交易、理财和融资等一站式、多元化的金融服务。 比如浙商证券的"汇金谷"证券移动平台。

3.全场景的金融账户服务

全场景的金融账户服务可实现客户名下资产全景展示、多账户交

---

①胡吉祥. 互联网金融对证券业的影响[J]. 中国金融,2013(16):73-74.

易、全产品在线购买、转账支付、生活服务等综合化服务需求,这是互联网证券的方向和趋势。比如,国泰君安推出的"君弘一户通账户"是全场景金融账户的雏形,可以统一管理客户在国泰君安旗下的证券账户、资管账户、期货账户、信用账户、场外交易市场账户等各类账户。

(三)保险业在互联网保险的布局

保险行业是一个比较特殊的金融行业,本质是通过群体中事件发生的概率来精确定价,保险产品具有典型的标准化特点。保险科技是保险生态改良的润滑剂、保险服务经济社会的新渠道、建设科技强国的关键。[①] 早在20世纪90年代就有一些保险机构通过互联网进行产品营销,互联网也成为保险机构的必争之地。总的来说,保险机构对互联网的布局可以分为以下几个阶段。

1.互联网单向媒体化阶段

在这一阶段,保险机构主要通过互联网进行品牌宣传、产品营销、业务咨询等。

2.互联网业务渠道化阶段

1997年,中国保险信息网建成,同年新华人寿开出了第一张互联网保单,开启了我国的互联网保险时代。然后保险机构纷纷利用网上销售以及网上服务,提供保单的查询、销售、保全、理赔等一系列的业务活动,服务可以通过电子化完成,保险产品主要集中在车险、万能险和短期意外险等标准化产品上。比如,大多数保险公司的官网都具有标准化险种产品电子化流程服务。中国人寿还专门成立专业电子商务子公司进行保险产品的互联网服务。

3.互联网智慧生态化阶段

在"互联网＋"的战略背景下,互联网保险成为保险机构竞相追逐的领域。保险业具有数据生产的天然优势,面对大数据和云计算时代

---

① 许闲. 保险科技的框架与趋势[J]. 中国金融,2017(10):88-90.

的到来,可谓是如虎添翼。保险业在与大数据的深度结合上不断创新推出微价格、碎片化、高频度的互联网保险产品,这些新产品还具有按需定制、结构定价、精确营销等特点,如货款保证金保险、网络退货运费险、第三方支付账户资金安全险、个体网络借贷险等。

二、出台互联网金融监管规则是历史的必然选择

互联网金融是历史时代发展、经济转型升级和金融服务创新三者共振产生的新兴金融形式。互联网金融恰逢我国金融行业全面深化改革的大时代,得到了政府的包容和支持,以"野蛮的方式"绕过诸多监管限制,打破了旧的金融秩序和格局,也带来了很多不确定因素。互联网金融在飞速发展的同时也出现了风险问题,造成金融安全隐患,对互联网金融实施监管已逐渐成为国内外金融监管机构的共识。① 所以,出台互联网金融监管规则对互联网金融进行因势利导是历史的必然选择。

(一)监管规则保证互联网金融不偏离我国金融改革发展的目标

2015 年,我国的金融改革目标主要有三个:一是宏观目标,即金融业市场化;二是微观目标,即金融业要实现经济效益和社会效益并重;三是结构目标,即服务实体经济,特别是小微企业。互联网金融有力地促进了金融业市场化,产生了较好的经济效益和社会效益。我国政府对互联网金融有效破解小微企业金融服务困局寄予了殷切的希望。但是,在近几年的发展中,一些传统金融机构和互联网金融企业的业务脱离服务实体经济的本质,或积极服务于我国政策限制的"高耗能、高污染、产能过剩"(下称"二高一剩")行业。比如,在 2015 年上半年极其火爆的个体网络借贷股票和期货配资;一些个体网络借贷平台和互联网信托为"二高一剩"行业提供融资服务。因此,出台监管规

---

①李有星,陈飞,金幼芳. 互联网金融监管的探析[J].浙江大学学报(人文社会科学版),2014(4):87-97.

则,对互联网金融发展正本清源,是我国金融改革顺利开展的必然选择。但是,互联网金融监管应兼具包容性和有效性,建立较为完善的互联网金融监管和发展框架。[①]

(二)监管规则保证互联网金融行业市场公平

2013 年被称为我国的互联网金融"元年",余额宝带动了个体网络借贷、股权众筹、互联网基金、第三方支付等互联网金融业态的迅猛发展,但是由于行业无门槛、无标准和无监管,整个行业鱼目混珠,良莠不齐。比如,有些个体网络借贷平台纯粹就是诈骗或非法吸收公众存款;有些第三方支付公司明目张胆挪用客户的备付金进行套利,银行对此却不作为;一些保险公司推出的互联网保险产品根本没有落地服务。这样互联网金融行业乱象,对互联网金融行业发展产生了严重的负面影响。如果任由这种乱象蔓延,则会造成"劣币驱逐良币"的恶果。所以,只有明确监管原则,采取适度监管和协调监管并重[②],将不合规的从业主体及时逐出市场,给行业创造一个公开、公平、公正的市场环境,才利于优秀的互联网金融企业脱颖而出。毋庸置疑,尽早出台监管规则是确保互联网金融健康发展的迫切需求。

(三)监管规则有效防范互联网金融的风险

金融监管与金融创新是你追我赶、不断博弈的过程。互联网金融作为一种新金融,为用户提供新的金融产品和服务。对于新的新融产品,金融监管层主要从安全、效率和公平的角度来对金融创新进行评估,如果认可金融创新,则会建立新的监管规则对其加以规范和约束;如果不认可,则会明令禁止。及时出台监管规则能够有效避免市场失灵,防止互联网金融产生区域性风险和系统性风险,是金融监管的必然选择。

---

① 郑联盛. 中国互联网金融:模式、影响、本质与风险[J]. 国际经济评论,2014(5):103-118.

② 魏鹏. 中国互联网金融的风险与监管研究[J]. 金融论坛,2014(7):3-9.

三、监管时代传统金融机构互联网金融业务的发展机遇

2015 年 7 月 18 日,中国人民银行等十部委正式发布《关于促进互联网金融健康发展的指导意见》(以下简称《指导意见》),是国家层面首先发布文件规范、促进互联网金融发展,明确了互联网金融在我国的法律地位,互联网金融也正式成为国家战略性新兴产业。4 天后,保监会出台了《互联网保险监管暂行办法》(以下简称《暂行办法》),央行发布了《非银行支付机构网络支付业务管理办法》(第二次征求意见稿)(以下简称《管理办法》)。一系列关于互联网金融的细化政策将陆续出台,互联网金融告别"野蛮"发展期,转而进入规则监管下的理性繁荣时代,这为规则意识强烈的传统金融机构加快转型和升级其互联网金融业务带来历史性发展机遇。

(一)明确鼓励传统金融机构开展互联网金融业务

《指导意见》强调"鼓励银行、证券、保险、基金、信托和消费金融等金融机构依托互联网技术,实现传统金融业务与服务转型升级,积极开发基于互联网技术的新产品和新服务。支持有条件的金融机构建设创新型互联网平台开展网络银行、网络证券、网络保险、网络基金销售和网络消费金融等业务";《暂行办法》规定"互联网保险业务应由保险机构总公司建立统一集中的业务平台和处理流程,实行集中运营、统一管理";《管理办法》明确了"第三方支付的小额支付地位,并鼓励银行主导并开展互联网支付服务"。以上都说明,国家层面希望未来互联网金融行业形成以传统金融机构为主导,以互联网企业为补充的发展格局,传统金融机构发展互联网金融业务将得到国家政策、资金和智力支持,为传统金融机构把互联网金融业务做大、做精、做强提供各种有利条件。比如,2014 年,中国证券业协会出台的《私募股权众筹融资管理办法(试行)》积极鼓励证券经营机构开展众筹业务;2015年,保监会印发《关于设立保险私募基金有关事项的通知》,指出保险资金可以投资个体网络借贷,说明保险资产为支持互联网金融等战略

性新兴产业发展做出了重大的政策改变。

（二）传统金融机构开展互联网金融业务优势显著

无论是国内还是国外，金融行业的发展都是由传统金融机构主导的。互联网金融的本质还是金融，金融业是一种经营风险的行业，核心是通过对产品的风险评估、定价和控制，获得风险溢价。互联网作为一种新技术、新渠道、新生态让传统金融业务呈现出新金融形态。从价值创造的角度来看，互联网极大地减少了金融产品的营销成本，即消灭了金融产品的传递价值，将大部分的中介成本回馈给客户，但金融产品内在服务价值并没有因为互联网的产生而改变。① 因此，对互联网时代的金融行业而言，金融产品的设计、评估及定价能力显得更加重要，即创造产品服务价值比获得产品的传递价值更重要。传统金融机构相较于互联网企业在产品服务价值创造具有显著优势，同时还具有丰富的业务经验、强大的信誉基础和雄厚的资本实力等诸多优势。监管层陆续出台了相关政策规定了一些互联网金融业务环节必须由传统金融机构专办。比如，2013 年，央行发布了《中国人民银行关于建立支付机构客户备付金信息核对校验机制的通知》，要求各银行根据监管要求开发第三支付客户备付金专用存管账户系统，对客户备付金信息每日核对，做到账账相符、账实相符；在《指导意见》中明确规定个体网络借贷业务中的借贷双方资金必须由银行托管。

（三）传统金融机构的改革深化为开展互联网金融业务提供了强大的驱动力

中共十八届三中全会突破性地为中国改革"升级"，提出"全面深化改革"的全新主张。全会审议通过的《中共中央关于全面深化改革若干重大问题的决定》（以下简称《决定》），提出要"深化大型商业银行和其他大型金融企业改革"。2014 年是中国金融机构全面深化改革

---

①陈志武. 互联网金融到底有多新[J]. 新金融，2014(4)：9-13.

元年。2015 年是中国金融机构全面深化改革关键年。国务院出台了银行业混合所有制、混业经营改革政策；证券业迎来了"一码通"时代；保险业的资金运用进一步放开投资领域和范围。诸多重磅的金融机构改革政策的出台给予我国传统金融机构更宽广的创新空间、更灵活的体制，以及更自主的定价权。经济决定金融，有什么样的经济，必然要求有什么样的金融。我国正在向"互联网＋"经济时代迈进，全面深化改革为传统金融机构向互联网金融转型提供了强大驱动力，从而更好地提供经济新常态所需要的金融服务。

四、监管时代下传统金融机构互联网金融发展对策

《指导意见》等监管规则的出台对我国互联网金融长期发展是重大利好，对互联网金融的各种业务规则、监管分工和政策支持进行了明确的说明，规范了互联网金融市场秩序，有效防止了互联网企业的"监管套利"。因此，监管规则出台有利于规则意识强烈的传统金融机构开展互联网金融业务，面对难得的历史性机遇，传统金融机构应积极地采取相应对策。

（一）大力发展科学技术

《指导意见》第一条明确鼓励传统金融机构从技术、产品和平台三个层次进行互联网金融转型，非常清晰地指出科学技术在互联网金融业务中的突出作用。银、证、保三大传统金融机构必须坚定地实施科技领先发展战略，只有掌握先进科学技术，才能构建数据定价的核心能力，在汹涌澎湃的大数据时代才有竞争力。传统金融机构应大力发展以下科学技术：一是新一代信息技术，主要集中在云计算、大数据风控和区块链技术上，这是未来互联网金融业务创新的技术基础。特别是区块链技术，使得信息自由互信互享，发达国家的银行已经开始使用区块链技术框架进行金融服务创新。二是人工智能技术，以指纹、人脸识别等基于生物特征的身份识别技术是未来金融活动主体识别主流技术。三是移动无线通信技术，以移动影像识别、智能穿戴技术

为代表的"嵌入"式金融服务是未来互联网金融发展的方向。四是网络信息安全保护技术。从《指导意见》《暂行办法》到《管理办法》,都对从事互联网金融机构的信息安全水平提出了更高的要求,所以传统金融机构必须加强网络信息安全保护技术的创新与开发。

(二)快速推进产品创新

"互联网＋"时代下,互联网已经像水和电一样,成为企业和个人赖以生存的基础设施,深刻改变了人们的生活习惯和商业模式。传统金融机构必须通过基于互联网的产品创新来满足"互联网＋"时代客户对金融服务的需求,让产品创新成为自身互联网金融转型的抓手。传统金融机构应在标准化产品、个性化产品和跨界化产品这三个维度进行大力创新。标准化产品创新应不断挖掘一定数量群体对同一金融服务的需求,不断推出标准化的新金融产品,以互联网为营销和服务渠道,给客户提供良好的产品体验,通过边际效应获得超额利润。个性化产品的开发虽然成本较高,但随着用户数据的积累、大数据分析技术的成熟及征信系统的逐步完善,低成本地为客户提供个性化的金融产品和服务完全可以实现,个性化的金融产品创新可极大地增强传统金融机构的竞争力。跨界化产品创新也是未来创新的主要方向,互联网的开放性和跨界性使得行业与行业之间的界限变得模糊,传统金融机构应利用自身优势,在政策的引导下积极与非金融企业进行合作,特别是与互联网企业进行跨界产品创新,拓展业务的深度和广度。

(三)积极构建生态平台

平台商业模式是互联网时代一种独有的生态模式,其精髓在于打造一个完善的、成长潜能巨大的"生态圈",它拥有独树一帜的精密规范和机制系统,能有效激励多方群体之间互动,达成平台企业的愿景。生态平台战略既保持从纵向分析价值链环节的思维,又增加对横向价值环节的分解,所以能逐渐模糊产业的边界,在创新需求的同时,还蚕食现有需求,从而拆解产业现状、重塑市场格局,这就是为什么 BAT 等大型互联网平台能逐步渗透到传统金融行业。打造互联网金融生态平台其实一直是大型传统金融机构的目标,但由于主观和客观的原因,我国尚未建成由传统金融机构主导的有统治力的金融平台。《指导意见》等政策支持传统金融机构打造互联网金融平台,为有条件的传统金融机构打造生态型互联网金融平台提供了历史性机遇。金融机构一定要坚定执行以金融账户为入口的生态平台战略。有巨量用户的大型传统机构金融机构,可以构建多生态、全场景、泛需求和综合化的互联网金融平台;有一定数量用户的中型传统金融机构,可以打造细生态、多场景、专需求和一站式的互联网金融平台;没有用户数量优势的小微传统金融机构,可以培育一个微生态、专场景、为实体和扶小微的互联网金融平台。①

(四)致力于人才培育

任何企业的发展都是由人才驱动的,人才是任何企业发展的核心要素、核心资源。随着互联网金融逐步打破传统金融机构的垄断,"银行躺着也赚钱"的时代必将一去不复返。因此,能否拥有一支具有互联网思维和技能的人才队伍决定了传统金融机构在"互联网+"时代发展的成败。传统金融机构必须制定人才优先发展战略,结合机制和体制改革,快速培养一批精通金融业务、谙熟国家互联网金融政策和规则、掌握互联网思维、理解互联网精神和文化、能认清互联网金融发展趋势、能将互联网和金融进行创新性融合的中高级管理层和一批具有互联网营销技能和产品推广及服务能力的一线员工。传统金融机构只有培育出一批又一批"看得懂、跟得上、想得到、留得住"的梯队结构合理的互联网金融人才,才能确保传统金融机构抓住时代机遇,抢占互联网金融业务的高地。

---

①邱勋.规则监管时代下传统金融机构的互联网金融发展对策研究[J].西南金融,2016(1):18-21.

参考文献

[1] 巴曙松,吉猛.从互联网金融模式看直销银行发展[J].中国外汇,
　　2014(2):43-47

[2] 巴曙松,姚舜达.央行数字货币体系构建对金融系统的影响[J].金
　　融论坛,2021(4):3-10.

[3] 陈嘉欣,王健康.互联网金融理财产品余额宝对商业银行业务的影
　　响——基于事件分析法的研究[J]经济问题探索,2016(1):
　　167-173.

[4] 陈一稀.区块链技术的"不可能三角"及需要注意的问题研究[J].
　　浙江金融,2016(2):17-20.

[5] 陈志武.互联网金融到底有多新[J].新金融,2014(4):9-13.

[6] 崔志伟.区块链金融:创新、风险及其法律规制[J].东方法学,2019
　　(3):87-98.

[7] 邓伟.比特币价格泡沫:证据、原因与启示[J].上海财经大学学报,
　　2017(2):50-62.

[8] 丁宝根,赵玉,彭永樟."区块链＋跨境电商"变革的现实性、限度性
　　与政策建议[J].当代经济管理,2020(1):64-70.

[9] 樊云慧.股权众筹平台监管的国际比较[J].法学,2015(4):84-91.

[10] 樊志刚,黄旭,谢尔曼.互联网时代商业银行的竞争战略[J].金融
　　　论坛,2014(10):3-10.

[11] 费晨曦,窦郁宏.互联网金融的典范:INGDirect[J].银行家,2013

(8):94-97.

[12]弗里德曼.货币的祸害—货币史片段[M].北京:商务印书馆,2006.

[13]宫晓林.互联网金融模式及对传统银行业的影响[J].南方金融,2013(5):86-88.

[14]辜胜阻,庄芹芹,曹誉波.构建服务实体经济多层次资本市场的路径选择[J].管理世界,2016(4):1-9.

[15]哈耶克.货币的非国家化[M].海口:海南出版社,2019.

[16]韩刚.德国"直销银行"发展状况的分析及启示[J].新金融,2010(12):23-16.

[17]韩璇,袁勇,王飞跃.区块链安全问题:研究现状与展望[J].自动化学报,2019(1):206-225.

[18]何冬昕.我国央行数字货币及其发展展望[J].宏观经济管理,2020(12):24-30.

[19]胡吉祥,吴颖萌.众筹融资的发展及监管[J].证券市场导报,2013(12):60-65.

[20]胡吉祥.互联网金融对证券业的影响[J].中国金融,2013(16):73-74.

[21]胡吉祥.众筹的本土化发展探索[J].证券市场导报,2014(9):4-10.

[22]黄海龙.基于以电商平台为核心的互联网金融研究[J].上海金融,2013(8):18-23.

[23]黄迈,杨哲,何小锋.商业银行参与P2P网络借贷的战略分析与路径选择[J].金融理论与实践,2013(11):4.

[24]黄益平,黄卓.中国的数字金融发展:现在与未来[J].经济学,2018(4):1489-1502.

[25]贾丽平.比特币的理论、实践与影响[J].国际金融研究,2013(12):14-25.

[26]李博,董亮.互联网金融的模式与发展[J].中国金融,2013(10):

19-21.

[27]李翀.比特币会成为货币吗？[J].当代经济研究,2015(4)：60-65.

[28]李杲.我国直销银行运营模式探索[J].新金融,2014(7)：27-30.

[29]李建军,朱烨辰.数字货币理论与实践研究进展[J].经济学动态,2017(10)：115-127.

[30]李燕,马海英,王占君.区块链关键技术的研究进展[J].计算机工程与应用,2019(20)：13-23.

[31]李有星,陈飞,金幼芳.互联网金融监管的探析[J].浙江大学学报(人文社会科学版),2014(4)：87-97.

[32]廖理.AllyBank、INGDirect、BOFI三家直营银行的创立发展和启示(下篇)[J].清华金融评论,2015(2)：93-100.

[33]林玲.金融创新视角下我国直销银行发展的思考[J].新金融,2014(12)：107-109

[34]林晓轩.区块链技术在金融业的应用[J].中国金融,2016(8)：17-18.

[35]刘丽丽.我国P2P网络借贷的风险和监管问题探讨[J].征信,2013(11)：29-32

[36]刘明.美国《众筹法案》中集资门户法律制度的构建及其启示[J].现代法学,2015(1)：149-161.

[37]刘宪权.互联网金融股权众筹行为刑法规制论[J].法商研究,2015(6)：61-71.

[38]刘向民.央行发行数字货币的法律问题[J].中国金融,2016(17)：17-19.

[39]马克思.资本论(第一卷)[M].北京：人民出版社,2004：108.

[40]闵敏,柳永明.互联网货币的价值来源与货币职能——以比特币为例[J].学术月刊,2014(12)：97-108.

[41]莫易娴.P2P网络借贷国内外理论与实践研究文献综述[J].金融理论与实践,2011(12)：101-104.

[42]彭勃,陶丹萍.替代性纠纷解决机制本土化问题初探[J].政治与法律.2007(8):71-75.

[43]齐志远.央行数字货币DCEP的本质论析——基于马克思的货币职能理论[J].当代经济管理,2021(1):92-97.

[44]钱金叶,杨飞.中国P2P网络借贷的发展现状及前景[J].金融论坛,2014(1):55-56.

[45]乔鹏程.回归金融本质:互联网金融创新与"e租宝"案[J].财经理论与实践,2018(1):19-26.

[46]邱勋,陈月波.股权众筹:融资模式、价值与风险监管[J].新金融,2014(9):58-62.

[47]邱勋,郭福春,陈月波.互联网金融的现实与未来展望[J].攀枝花学院学报,2015(1):34-38.

[48]邱勋,申睿.P2P网络借贷行业地方监管的问题与对策[J].金融教育研究,2017(2):49-53.

[49]邱勋,申睿.互联网金融创新与小微企业融资对接机制研究——以浙江为例[J].攀枝花学院学报,2017(4):33-41.

[50]邱勋,周雷,高泽金.网络借贷与股权众筹[M].北京:中国金融出版社,2020.

[51]邱勋,周雷.基于杭州网贷的P2P网络借贷大雷潮的原因、特征及地方监管优化研究[J].齐齐哈尔大学学报(哲学社会科学版),2021(2):67-72.

[52]邱勋."互联网信托"P2B网络借贷模式探析[J].新金融,2014(3):28-32.

[53]邱勋.P2P与股权众筹[M].北京:中国金融出版社,2016.

[54]邱勋.多维视角下我国直销银行发展的思考[J].西南金融,2014(3):47-50.

[55]邱勋.个体网络借贷监管政策梳理、性质变迁和前景展望[J].齐齐哈尔大学学报(哲学社会科学版),2020(4):83-86.

[56]邱勋.规则监管时代下传统金融机构的互联网金融发展对策研究

[J].西南金融,2016(1):18-21.

[57]邱勋.互联网基金对商业银行的挑战及其应对策略——以余额宝为例[J].上海金融学院学报,2013(4)75-83.

[58]邱勋.区块链技术面临的挑战及其应对策略研究[J].计算机时代,2021(1):25-28.

[59]邱勋.网络借贷与股权众筹[M].中国金融出版社,2016.

[60]邱勋.余额宝对商业银行的影响和启示[J].新金融,2013(9):50-54.

[61]邱勋.中国央行发行数字货币:路径、问题及其应对策略[J].西南金融,2017(3):14-20.

[62]芮晓恒.没有银行的银行离我们有多远[N].南方都市报,2014-8-5(GC08).

[63]沈悦,郭品.互联网金融、技术溢出与商业银行全要素生产率[J].金融研究,2015(3):160-175.

[64]盛松成,蒋一乐.货币当局为何要发行央行数字货币[J].清华金融评论,2016(12):61-64.

[65]盛松成,蒋一乐.央行数字货币才是真正货币[J].中国金融,2016(14):12-14..

[66]孙永祥,何梦薇,孔子君,等.我国股权众筹发展的思考与建议——从中美比较的角度[J].浙江社会科学,2014(8):146-151.

[67]王陈慧子,杨东.从比特币定性看数字货币的价值维度[J].学习与探索,2021(6):51-59.

[68]王国刚,张扬.互联网金融之辨析[J].财贸经济,2015(1):5-16.

[69]王硕.区块链技术在金融领域的研究现状及创新趋势分析[J].上海金融,2016(2):26-29.

[70]王炜.P2P清零,网贷行业风险出清[J].银行家,2021(1):27-28.

[71]王永利.央行数字货币的意义[J].中国金融,2016(4):19-20.

[72]魏鹏.中国互联网金融的风险与监管研究[J].金融论坛,2014(7):3-9.

[73]吴晓求.互联网金融:成长的逻辑[J].财贸经济,2015(12):5-15.

[74]肖本华.美国众筹融资模式的发展及其对我国的启示[J].南方金融,2013(1):52-56.

[75]谢平,邹传伟.互联网金融模式研究[J].金融研究,2012(12):128.

[76]谢平.互联网金融的现实与未来[J].新金融,2014(4):4-8.

[77]熊建宇,邱勋.虚拟货币的本质、价值和未来发展[J].攀枝花学院学报,2018(3):33-27.

[78]许荣,刘洋,文武健,徐昭.互联网金融的潜在风险研究[J].金融监管研究,2014(3):40-56.

[79]许闲.保险科技的框架与趋势[J].中国金融,2017(10):88-90.

[80]闫冰竹.中国直销银行发展探析[J].中国金融,2014(1):55-56.

[81]杨东,黄尹.旭中国式股权众筹发展建议[J].中国金融,2015(3):63-66

[82]杨东.监管ICO[J].中国金融,2017(16):69-70.

[83]杨东.监管科技:金融科技的监管挑战与维度建构[J].中国社会科学》,2018(5):69-91.

[84]姚前,汤莹玮.关于央行法定数字货币的若干思考[J].金融研究2017(7):78-85.

[85]姚前.理解央行数字货币:一个系统性框架[J].中国科学(信息科学),2017(11):1592-1600.

[86]姚前.中国法定数字货币原型构想[J].中国金融,2016(17):13-15.

[87]尤瓦尔·赫拉利.人类简史:从动物到上帝[M].北京:中信出版社,2017.

[88]袁康.资本形成、投资者保护与股权众筹的制度供给——论我国股权众筹相关制度设计的路径[J].证券市场导报,2014(12):4-11.

[89]袁勇,王飞跃.区块链技术发展现状与展望[J].自动化学报,2016

(3):481-494.

[90]张赟,刘欣惠,朱南.直销银行与纯网络银行比较分析[J].新金融,2015(6):34-38.

[91]郑联盛.中国互联网金融:模式、影响、本质与风险[J].国际经济评论,2014(5):103-118.

[92]支宝才,洪夙.银行网点渠道变革五大趋势[J].银行家,2015(1):79-81.

[93]中国互联网金融协会.中国互联网金融年报 2019[M].北京:中国金融出版社,2019.

[94]钟维,王毅纯.中国式股权众筹:法律规制与投资者保护[J].西南政法大学学报,2015(4):19-26.

[95]周雷,邱勋,刘婧,等.金融科技创新服务小微企业融资研究——基于金融科技试点地区 840 家小微企业的调查[J].西南金融,2020(10):24-35.

[96]周雷,薛雨寒,刘露.区块链技术助力互联网保险高质量发展[J].金融理论探索,2018(16):61-69.

[97]周宇.金融危机的视角:P2P 雷潮的深层形成机理[J].探索与争鸣,2019(2):109-116.

[98]朱兴雄,何清素,郭善琪.区块链技术在供应链金融中的应用[J].中国流通经济,2018(3):111-119.